imaginist

想象另一种可能

理想国
imaginist

[英]汤姆·芝华士、[英]大卫·芝华士 著
邓妍 译

HOW TO READ NUMBERS
A Guide to Statistics in the News
(and Knowing When to Trust Them)

数字一点不老实
看穿纷繁信息中的数据玄机

九州出版社
JIUZHOUPRESS

图书在版编目(CIP)数据

数字一点不老实:看穿纷繁信息中的数据玄机/(英)汤姆·芝华士,(英)大卫·芝华士著;邓妍译. -- 北京:九州出版社,2023.11
ISBN 978-7-5225-2458-0

Ⅰ.①数… Ⅱ.①汤… ②大… ③邓… Ⅲ.①统计学—通俗读物 Ⅳ.① C8-49

中国国家版本馆CIP数据核字(2023)第207253号

HOW TO READ NUMBERS: A Guide to Statistics in the News (and Knowing When to Trust Them)
by Tom Chivers and David Chivers
Copyright © 2021 by Tom Chivers and David Chivers
All rights reserved including the rights of reproduction in whole or in part in any form.

著作权合同登记图字:01-2023-5650

数字一点不老实:看穿纷繁信息中的数据玄机

作　　者	[英]汤姆·芝华士、[英]大卫·芝华士 著;邓妍译
出版发行	九州出版社
责任编辑	张艳玲　周春
地　　址	北京市西城区阜外大街甲35号(100037)
发行电话	(010) 68992190/3/5/6
电子信箱	jiuzhou@jiuzhoupress.com
印　　刷	山东韵杰文化科技有限公司
开　　本	850毫米×1168毫米　32开
印　　张	8.25
字　　数	160千
版　　次	2023年11月第1版
印　　次	2023年11月第1次印刷
书　　号	ISBN 978-7-5225-2458-0
定　　价	49.00元

★ 版权所有　侵权必究 ★

献给我们的祖父母：琼和彼得·芝华士

目 录

引　言　001
01　数字也会误导人　009
02　轶事证据：她用这种方法重获健康　019
03　样本量：说脏话力气大？　027
04　偏差样本：网上调查靠得住吗　039
05　统计显著性：更确定不等于更重要　047
06　效应量：睡前看屏幕害死人？　059
07　混杂因素：碳排放致肥胖？　065
08　因果性：汽水使人暴力？　075
09　这个数字大吗　085
10　贝叶斯定理：95%准确率没意义　091
11　绝对风险和相对风险　101
12　测量的东西变了吧　107
13　排　名　117
14　它在文献中有代表性吗　125
15　追求新奇　133
16　采樱桃谬误　147
17　预　测　153
18　模型中的假设　165
19　得州神枪手谬误　175
20　幸存者偏差　185

21	对撞偏差：丑演员演技更好？	195
22	古德哈特定律：指标的诅咒	205
	结论与统计写作指南	215

致 谢	227
注 释	229
译名对照表	249

引 言

> 数字没有感觉,不会流血,不会哭泣,也不抱希望。数字不懂勇敢或牺牲,也不知爱与效忠。无情到极致时,你眼前只有1和0。
> ——艾米·考夫曼,《星谜档案》

数字冷漠且无情。人们常常因此不喜欢数字,原因不难理解。2020年上半年,新冠病毒席卷全球,在撰写本书时,报纸仍然在报道每日因新冠死亡的人数。在英国,这些日增死亡病例数曾经高达几千,当它们降到仅仅数百时,感觉像是看到了隧道尽头的亮光。

然而,这些人中的每一个都是独一无二的个体。我们可以谈论新冠流行期间的死亡人数——截至2020年8月,英国已有41369例死亡,在西班牙,这个数字是28646;也可以谈论当这种流行病寿终正寝时(如果真有那么一天),全世界会有多少人因其丧生。但是,这些惊人的数字并不能告诉我们任何关于那些个体的信息。他们每个人都有故事:他们是谁,做了什么,他们爱谁,谁又爱他们。将有人为他们哀悼。

"今天有 × 人死亡"——用一个简单的数字来代表所有这些逝去的生命，应该说既刺耳又冷酷。它无视所有的心碎和悲伤，它删去了所有个体的独特性和他们的故事。

但如果我们没有记录每日的死亡数字，从而跟踪疾病的传播，很可能会有更多的人死亡，更多独一无二的人生故事将提前结束。我们只是不知道有多少。

在本书中，我们将谈论很多关于数字的事：数字如何在媒体中被使用，它们又会出什么问题，从而让人产生错误的印象。但在此过程中，我们需要提醒自己，这些数字代表着某些东西。通常它们会代表人，要么就是代表对人来说很重要的事物。

某种意义上，这本书讲的是数学。你可能自认为数学很差，担心看不懂本书。有这种想法的人为数不少，几乎每个人好像都觉得自己数学不好。

大卫在杜伦大学教授经济学。学生需要在 A-level*

---

* 即"英国普通高级水平教育证书"，对应的考试略相当于中国的高考。

数学中拿到A才能被这个专业录取，但他的很多学生仍然说自己数学差。汤姆认为他的数学很差，但他曾两次获得英国皇家统计学会颁发的"新闻领域统计卓越奖"（statistical excellence in journalism，他喜欢时不时地在聊天中提起此事）。有时大卫也认为自己数学不好，但他其实在给本就擅长数学的人教数学。

你的数学很可能也比你自己想象得好。你不太擅长的也许是心算。我们想到"擅长数学的人"时，往往想到的是像《倒计时》节目里的卡萝尔·沃德曼或蕾切尔·莱利。* 她们的确擅长数学，但就算你做不到那种程度的心算，也不意味着你不擅长数学。

大多数时候，我们都认为数学就是答案有对有错。但我们又会发现，很多时候——至少在我们现在讨论的这种数学中——情况并非如此。就比如可能令人感到恐惧的新冠病毒病总死亡人数，看似就是个简单的数字。

其成绩在英语国家广受认可。——译注及编注（本书脚注，若无特别说明，均为编注）

* 《倒计时》（Countdown）是英国长盛不衰的游戏综艺节目，其中有计算、拼写等环节。沃德曼（Carol Vorderman）是该节目自1982年开播以来的助理主持人，在2008年由莱利（Rachel Riley）接替。——译注但我们应该用以下哪个数字来代表它？我们说的是经检测"确诊"的死亡病例数，还是将今年的死亡人数与过去几年的统计平均值进行比较得出的"超额"死亡人数？这两种统计方向会给出非常不同的答案。该用哪个，取决于我们想要回答什么问题。两个都没错，但也都不是"正确"答案。

重要的是，要理解为什么这些数字并非清晰明了，以及为什么有时候听上去直截了当的东西实际上更复杂——尤其是当数字易于被用来误导或混淆视听的时候，而人（尤其是但不限于政治家）存在这样做的倾向。这些辩论影响着我们的生活，也影响着我们参与民主的能力。以此类推，如果没有受过教育的民众，就很难有运转良好的国家；我们需要能够理解我们的领导人正在实施的政策，以便在选举期间投出明智的选票来支持或反对这些领导人。

但仅仅能理解文字是不够的，你还需要对数字有一些领会。我们的新闻越来越多地以数字的形式报道，如警方报告的犯罪率的升降、一个国家经济的萎缩或增长、新冠死亡人数和病例数的最新数据等。要理解周遭世界，我们可能不必擅长数学，但确实需要理解这些数字是如何产生、如何被使用以及可能如何被误用的，否则我们会做出糟糕的决定，无论是作为个人还是社会。

有时，对统计数据的误解会如何导致坏决策是显而易见的，例如，如果不知道有多少人感染了新冠，我们就无法判断何为得当的应对措施；另一些情况下可能就没这么明显，就像我们将在本书中讨论的一些例子，比如培根是否致癌、喝汽水是否让人变得暴力等。但是我们都有意无意地使用这些数字来帮我们理解身处的世界。喝红酒、锻炼、投资——我们做这些事是基于我们认为它们（对快乐、财富或财富）的好处大于风险。如果要明智地做出这些决定，我们就得知道这些好处和风险是什么、有多大——通常我们会从新闻中了解这些。

在新闻机构提供这些数字时，你不能指望它没有夸大其词或有意筛选事实。这不一定是因为新闻人想搞欺骗；只是因为他们想报道刺激、精彩或耸动的事情，这样你就会买他们的报纸或看他们的节目；也因为他们——以及我们——都渴望"叙事"：那是一个个的故事，其中的问题都有明确的起因和解决方案。而你如果根据刺激、精彩或耸动的程度来选择新闻，那么你很可能接收很多错的或有误导性的数字。

此外，虽然记者一般都很聪明，也有好的出发点（不同于刻板印象），但他们往往不太擅长阐释数字。这意味着你在新闻中读到的数字很可能是错的——并非总是如此，但已经常见到需要你谨慎为上了。

好在曲解数字的方式通常可以预见，例如选取异常值或使用特殊的起点以人为挑选数字，反复雕琢数据直到其显示出某种特点、使用百分比增幅而非绝对值变化以夸大数字、将只代表相关性的数字用于暗示因果关系，不一而足。本书将为你提供识别其中一些曲解方式所需的工具。

我们不是要让你觉得你读到的所有数字都不能信，而只是想帮你更好地决定哪些数字可以信、何时信。

我们尽可能少地使用数学。几乎所有看起来像方程的东西都被我们拿了出去，移到主文之外的文字框里；你感兴趣的话可以阅读，但不读也不会阻碍你理解。

有时我们无法避免一些技术概念，所以你会遇到"$p=0.049$""$r=-0.4$"之类的东西。别担心。这些只是一些简写，背后的概念都相当简单具体，就在现实生活之中，你肯定能理解。

我们将这本书分为 22 个短章节，每一章都会用新闻报道中的例子来介绍数字可能产生误导的一种方式。在读完每一章后,我们希望你能理解这一章要说明的问题,并知道将来如何识别它们。我们认为最好先阅读前八章,这几章中的一些内容可以帮你理解本书其余的部分;但你想随处跳读也没问题,如果有前文讨论过的概念,我们会标出来。

在本书的最后,对于媒体如何更好地使用数字,即如何避免本书聊到的一些错误,我们提了一些建议。我们愿意把它看作一种统计写作体例,如果你也一起向你收看和阅读的媒体倡议使用这样的体例,那就太好了。

那我们就开始吧。

01
数字也会误导人

虽说利用统计数据撒谎很容易，但不用统计数据时撒谎更容易。——或来自统计学家弗雷德里克·莫斯泰勒（Frederick Mosteller）

新冠病毒病让世界上了一堂代价高昂的统计概念速成课。人们突然发现自己必须了解什么是指数曲线、感染死亡率与病死率、假阳性与假阴性、不确定性区间。其中一些概念显然很复杂，但即使那些感觉上本该很简单的概念——比如死于病毒的人数——实际上也很难把握。在本章中，我们就来看一个貌似直截了当的数字会如何出其不意地误导我们。

一开始，我们所有人都不得不去搞清楚的一个数字就是"R 值"。在 2019 年 12 月，50 个人里都很可能找不出两个人知道 R 值是什么，然而到了 2020 年 3 月末，主流新闻报道在讨论 R 值时几乎不再做解释。但是由于数字会以微妙的方式出状况，出于好意地告知读者 R 值的变化，最终还是让人们产生了误解。

给你点提示：R是某种事物的"再生数"。它可以适用于任何会传播或繁殖的东西：网络梗图、人类、打哈欠、新技术等。在传染病流行病学中，R值代表平均有多少人会被一个患有某疾病的人感染。如果某种病的R值为5，那么平均每个被感染的患者会感染另外五个人。

当然，它没这么简单，因为它是一个平均值。假如有100个人，R值为5意味的可能是每一个人都不多不少地感染了5个人；也可能是其中99人完全没有感染任何人，但余下的一个人感染了500人；或任何介于这两种之间的情况。

它也不会一成不变。在新疾病暴发的初期，人群中没有人对病原体有免疫力，可能也不存在任何应对措施（如保持社交距离或戴口罩），那时的R值和后来的R值可能非常不同。在疾病暴发期，公共卫生政策的一个目标就是通过接种疫苗或改变行为来降低R值，因为如果R值大于1，疾病将呈指数级传播，如果小于1，疾病将逐渐消失。

但也许你会觉得，在谈论病毒时，在这些复杂的因素被纳入考量后会有一个简单的规则：R值越高越不好。

因此，当英国媒体在2020年5月警告"病毒的R值或已回升"[1]，原因是"养老院感染激增"[2]，你大概不会对这种标题里的语气感到惊讶。

但你可能已经预料到了，事情要更复杂一些。

从2000年到2013年，美国实际工资（"实际"即经通胀调整后）的中位数（median）上涨了约1%[3]。

你可以不读这个框里的内容，但如果你不记得"中位数"和"算术平均数"（mean）的区别，请继续。

你也许还记得学校教过"算术平均数""中位数"和"众数"（mode）。你还记得的大概是"算术平均数"：把所有数值加在一起，然后除以数值的个数所得的值。"中位数"是一个序列中间的那个数值。

它们的区别是这样的。假设现在总体（population）是7个人，其中一人年收入1英镑，一人2镑，一人3镑，以此类推，最后一人的年收入为7镑。如果你将所有这些数值相加，得到的是 (1+2+3+4+5+6+7) = 28。将

28除以人数，即7人，算得4镑。所以平均数是4镑。

要得到中位数，你需要的不是加总这些值，而是把它们依次排列，即收入1镑的人排在最左边，接着是收入2镑的人，以此类推，收入7镑的人在最右边。然后看中间是谁。在这个例子中，中间的是收入4镑的人。所以中位数也是4镑。

现在假设收入7镑的人以10亿英镑的价格将她的科技初创公司卖给了脸书（Facebook）。突然间，你的平均数变成了(1+2+3+4+5+6+1000000000)/7 = 142857146镑。也就是说，即使7人中有6人的情况毫无变化，但这一组"平均下来"（至少就算术平均数来说）每个人都资产过亿。

在分布如此不均匀的情况下，统计学家通常倾向于使用中位数。使用中位数的话，我们再次将这些人从左到右排列，排在中间的人收入仍然是4镑。在数以百万计的真实人口中，中位数比算术平均数更能体现总体的情况，尤其是当算术平均数被收入分布顶端的一些超高收入者拉得过高的时候。

而众数则是"最常见的数值"。假如有17个人收入为1镑，25人收入为2镑，42人收入为3镑，那么

> 人均众数就是 3 镑。当统计学家用众数描述例如身高这样的连续量时，事情会变得更复杂，不过我们先暂时不管它……

工资中位数上涨听起来是件好事。但是，将全人群分成较小的亚组来看的话，你会发现一些蹊跷。没读完高中的人，工资中位数下降了 7.9%；高中毕业者的工资中位数下降了 4.7%；上了大学但未取得学位的人，工资中位数下降了 7.6%；获得大学学位的人，工资中位数下降了 1.2%。

上完高中的人和没上完高中的人，上完大学的人和没上完大学的人，无论哪个教育水平亚组，工资中位数都下降了。而总体人群的工资中位数却上升了。

这是怎么回事？

原来，虽然拥有大学学位的人工资中位数下降了，但该亚组的人数却大大增加了。结果，中位数出现了奇怪的走向。这种现象叫"辛普森悖论"，以英国密码破译者和统计学家爱德华·H. 辛普森（Edward H. Simpson）命名，他在 1951 年描述了这里的现象[4]。这种现象不仅会发生在中位数上，也会发生在算术平均数上，但在我们的例子中，我们暂且看中位数。

假设总体人数为11。其中3人高中辍学，年收入5英镑；3人完成了高中学业，年收入10镑；3人大学辍学，年收入15镑；2人获得了学士学位，年收入20镑。全人群的工资中位数（即在序列中间的那个人的工资：见前面的文字框）为10镑。

然后，有一年，政府大力推动更多人念完高中和大学。但与此同时，每个亚组的平均工资下降了1镑。突然间，高中辍学生变成了2人，年收入4镑；高中毕业生2人，收入9镑；大学辍学生2人，收入14镑；本科毕业生5人，收入19镑。每个亚组的中位数都下降了，但全人群的中位数从10镑升到了14镑。2000年至2013年间，现实中的美国经济就发生了类似情况，只是数字更大。

这种现象惊人地普遍。例如，美国黑人的吸烟概率高于白人；但控制教育水平这一变量后，你会发现，在每个教育水平亚组中，黑人的吸烟概率都低于白人。这是因为，受过较高教育的亚组通常较少吸烟，而黑人在这一亚组中比例较低。[5]

辛普森悖论

高中辍学			高中毕业			大学辍学			学士学位	
£5	£5	£5	£10	£10	£10	£15	£15	£15	£20	£20

高中辍学		高中毕业		大学辍学		学士学位				
£4	£4	£9	£9	£14	£14	£19	£19	£19	£19	£19

还有个著名的例子。1973年9月，8000名男性和4000名女性申请进入加州大学伯克利分校的研究生院。其中，男性申请者有44%被录取，而女性申请者的录取率只有35%。

但如果仔细研究这些数据，你会注意到，在这所大学的几乎每个院系中，女性申请者的录取概率都更高。报考最热门院系的女性中，82%被录取，而男性申请者中只有62%被录取。第二热门的院系录取了68%的女性申请者和65%的男性申请者。

实际情况是，女性申请的院系通常竞争更激烈。比如，有一个系收到了933份申请，其中女性有108人。该系录取了82%的女性申请者和62%的男性申请者。而与此同时，热门排行第六的系收到了714份申请，其中女性有341人。该系只录取了7%的女性申请者和6%的男性申请者。

但如果将这两个系的数据合在一起，总共就有449名女性申请者和1199名男性申请者。女性申请者中有111人被录取，录取率25%；男性有533人被录取，录取率44%。

这回又是，分别看这两个系，女性的录取概率更大；但将两个系合起来看，女性的录取概率就更小。

我们该怎样看待这样的结果？这得看情况。在美国工资的例子中，你可能会说，总体中位数提供的信息更翔实，因为美国个人工资的中位数上升了（因为完成大学和高中学业的美国人变多了）；你也可能会说，无论申请哪个系，一般来说女性都比男性更有可能被录取。但你同样可以指出，对于那些没有获得高中文凭的人来说，情况变糟了；你还可以指出，女性想要申请的院系显然资源不足，因为这些院系只能录取极少的申请人。问题是，在辛普森悖论出现时，你可以使用相同的数据来讲述截然相反的故事，这取决于你想表达哪种政治观点。而诚实的做法是说明这里面有辛普森悖论。

*

让我们回到新冠病毒的R值。R值升高了,说明病毒正在传播给更多的人,这不是件好事。

不过,毫无疑问,实际情况要更复杂。有两场几乎不相关的"流行病"正在同时传播:疾病在养老院和医院的传播,是不同于在范围更广的社区的传播的。

因为没有发布确切数字,所以我们不知道更详细的信息。但是我们可以再做一次与前例类似的思想实验。假设养老院和一般社区里各有100人患有这种疾病。平均而言,社区中的每个病例会将疾病传播给2个人,而养老院中的每个病例会将疾病传播给3人。R值(每个疾病携带者会感染的平均人数)为2.5。

接着我们进入了封锁。感染人数下降,R值也随之下降。但是——很关键——社区的R值降幅要大过养老院。现在,养老院有90名感染者,每人平均会将疾病传播给2.9个人,而社区有10名感染者,每个感染者平均传染1个人。

现在,R值是2.71(((90×2.9)+(10×1))/100 = 2.71)。R值上升了!但实际上两个亚组的R值都下降了。

怎么看待这种现象才对?我们再次发现,答案不一定是显然的。也许你更关心总体的R值,因为这两处的流行病并不是真的没有关联。但答案肯定不是"R值上升就不好"这么简单。

当你试图通过观察一组人群的人均情况来了解个人或亚组时，就会出现"区群谬误"（ecological fallacy），这是一个更广义的问题，辛普森悖论就是区群谬误的一个例子。区群谬误可能比你想象得更普遍。新闻标题里的数字可能掩盖更复杂的真相，对于读者和记者来说，明白这一点很重要；要理解这些数字的意义，你可能需要进一步仔细分析。

02
轶事证据
她用这种方法重获健康

2019年,英国《每日邮报》[1]和《镜报》[2]都报道了一名女性,她被告知患有晚期癌症,但在墨西哥的一家诊所接受替代疗法后,她的肿瘤显著缩小了。这些疗法"包括高压氧疗法、全身低温疗法、红外线灯疗法、脉冲电磁场疗法、咖啡灌肠、桑拿和静脉注射维生素C"。

我们假定本书的许多读者会对这样的报道产生合理的怀疑。不过,要了解数字是怎样被曲解的,这篇报道可以作为一个重要的起点。它看似根本不包含任何数字,但并非如此。他们使用的数字是隐藏的,但它存在:数字1。用一个人的个例来支持一个说法。这就是我们所说的"轶事证据"(anecdotal evidence)的一个例子。

轶事证据名声不佳,但它本来并没有错。我们如何判断一件事是真是假？通常是用一种非常基本的方式：自己去检验，或者听其他检验过的人怎么说。

如果我们摸一个热锅时被烫到，即使只靠这一个信息，我们就可以确定，热炉灶会烫到人，并且总会如此，去摸它通常不是好主意。此外，如果别人告诉我们锅很热，会烫人，我们通常也乐意相信。我们相信别人的经验。在这种情况下，我们不需要做任何类型的统计分析。

在我们人生的几乎全部时间里，这种求证方式都很有效。很多时候，一个人观察一件事后得出一个结论，从这样的轶事或个例中学习即已足够。可为什么？为什么这种情况下轶事证据没问题，而其他时候就有误导性？

这是因为，回到热炉灶的例子，第二次摸它的后果几乎肯定还是一样。你可以一遍又一遍地摸这口锅，然后确定每次都会被它烫到。但你永远无法百分之百地确定这一点——说不定第 15363205 次摸它的时候，它就是凉的。说不定是第 25226968547 次。为了百分百确定炉灶总会烫到你，你需要一直摸它到地老天荒，可这主意实在不怎么样。大多数人可能更愿意假定，如果一个热锅有一次是烫的，大概每次都会是烫的。

像这样基本上每次都会出现同样结果的事情还有很

多。如果你松手，手中的重物就会下落。只要你还在地球上，这个现象就会一直发生。它第一次发生时是什么情况，将来每一次发生时都会如此。用统计学的语言说，它在事件的分布中具有代表性。

使用个例在所难免。在本书中，我们也在多处使用个例——我们会举一些特例来说明媒体报道如何误用了数字。当我们说，在更为一般的情况下，这些例子相当有代表性时，希望你相信我们。

但有些情况难以预测结果，即事件的分布并非显而易见，这时如果你拿个例来解释，就会出现问题。例如，这次不是摸炉灶了，而是想象你摸一条狗，然后狗把你咬了。合理的结论可能是，你应该更小心些，但你不能下结论说"每次摸狗都会被咬"。或者当你松手的时候，手里拿的不是重物，而是一只氦气球。你看着它飘向天空，随西风而去。你不能下结论说"每次松开一只气球，它就会向西飘走"。困难在于分辨哪些情况会一贯如此，即哪些是可预测的，例如炉灶烫人或石头下落；而哪些不那么容易预测，例如氦气球飘向何方。

在医学中就会遇到这样的问题。你也许会出现某种症状，比如说是头疼，于是你服了药；假设你吃的是扑热息痛（对乙酰氨基酚）。对许多人来说，这会有效果；但相当一部分人吃它可能没效果。这部分人里的每个人都能讲出服用该药无效的经历——他们自己的个例。但平均而言，它可以减轻疼痛。任何一个个例，甚至几个，都不能反映全貌。

但媒体是围绕着事件而存在的。例如，《镜报》在2019年报道，来自埃塞克斯的加里说："我花19镑买的贴片治好了我的慢性腰背痛——但NHS（英国国民医疗服务体系）不给我开处方。"[3] 他多年来一直遭受着由所谓的"椎间盘退行性疾病"引起的后腰疼痛，年仅55岁便被迫退休；他服用的止痛药和抗炎药，种类多到令人咋舌，每年因购药花费数千英镑。后来，他开始使用一种叫"安疼舒痛环"（ActiPatch）的东西，它"使用电磁脉冲来刺激神经调节，有助于抑制痛感"。没多久，他就成功将止痛药的摄入量减了半。这个产品是否治愈了他的腰痛？也许吧。从这个报道本身来看，我们不得而知。

根据《英国医学杂志》（BMJ）2010年的一篇系统性综述[4]，全世界有1/10的人受后腰疼痛的困扰：仅英国就有数百万人。这个症状令人相当不舒服，而医生除了开止痛药处方和建议锻炼外也不太有办法，所以大量患者会尝试替代性方法——也许就是安疼舒痛环或类似的东西。有时，人们的症状会自行好转，无论是否用了安疼舒痛环还是别的偏方。

因此，很多时候，患者会尝试某个新的替代疗法，之后会出现好转；但很多时候，这两件事完全无关。因此，某人使用某药物后好转的个别轶事很容易产生误导。

在现实中，这个问题比我们描述的更严重，因为媒体喜欢新鲜事。媒体会寻找最吸引人、最惊人或最感人的事情，总之是任何能抓住读者眼球的东西。这不是在批评——媒体不可能报道常人常事。但这意味着惊人之事比无奇之事更容易见报。

要明确一点：安疼舒痛环在加里身上的真实疗效可能就是他说的那样，也可能不是。证据薄弱不意味着结论错误：也许安疼舒痛环确实有效（有一些[5]证据[6]表明类似产品是有效的，美国食品药品监督管理局[FDA]也在2020年批准使用安疼舒痛环治疗腰背痛[7]），也许它确实对加里起了作用。我们只是说，加里的故事给不了我们多少信息。如果以前我们不认为安疼舒痛环有效，那么现在也不该认为它有效。

后腰疼痛很折磨人，无疑会给加里的生活带来一些硬性限制。就事论事，如果很多人读了关于他的报道后开始使用腰贴并期待它会缓解后腰痛，这样的结果也不太糟。如果腰贴有效，或是给人带去了希望，或者产生了安慰剂效应从而缓解了疼痛，这也是它带来的好处，尽管卫生服务机构或自费患者花了些钱。

有些时候，我们尽可以一笑置之。例如，《每日邮报》2019年的一篇报道[8]称，有6名牛皮癣患者在服用以蛇毒、鲸鱼呕吐物、腐烂牛肉和"淋病患者尿道分泌物"为基底的顺势疗法药剂后痊愈。

也许人们会说这无伤大雅。但在其他情况下，问题就可能比较严重，例如本章开头提到的那件报道中以替代疗法治疗癌症的女士。需要明确：我们没有理由相信高压氧疗法和咖啡灌肠能治癌症；但我们颇有理由相信，世界上有千百万绝望的癌症患者，他们中的许多人为了摆脱疾病会尝试更极端的事情，而癌症有时也会好转。就像加里腰痛的故事，极有可能是出现了巧合。

也许，在那位用咖啡治癌症的女士的例子里，没有人受到伤害：如果她的癌症好转了，无论是不是咖啡的功劳，这都是好消息，而且可能还给了她希望。但如果人们因为在报纸上读到有人凭脉冲电磁场疗法（不管那是什么）使病情得以好转后，从而不愿借助真正的循证医学，那就危险了。这就是为什么我们作为一个社会必须理解证据：它何时有效，何时又不适用。对轶事证据是如此，对于本书中的所有概念亦是如此，哪怕数字及其误用情况变得更为复杂。

我们不是说轶事证据没用。大多数时候，我们成功地用它来探索世界：那家餐厅真不错，你会喜欢那部电影，他们的新专辑真垃圾。但被媒体选择的轶事证据，有很大概率是巧合，所以基本上没什么意义。

在下一章，我们会讲一讲证据数量变多时会发生什么，以及为什么这样会好一点——但也只是好一点。

03
样本量
说脏话力气大?

说脏话是否会让搬抬重物轻松一点?根据《卫报》的一篇新闻报道[1],显然如此。它听上去好像是有点道理:比如因为没考虑周全,在楼下组装了一个宜家衣柜,结果又必须把它抬到楼上,那么搬动它时,我们大多数人都会毫无保留地骂脏话。也许这么做有用。

这篇报道基于英国基尔大学的一项研究[2]。在上一章,我们讨论了基于轶事证据,即基于人们自己经验之谈的新闻报道,这类报道很容易产生误导。但科学研究肯定要可靠些,对吧?

嗯,算是吧。

不过并不是所有科学研究都"生而平等"。

如果在某件事上,一个人的经验不足以说服你,多少人才够？并没有一个硬性规定。我们假设你想去了解某件事，比如英国男性的身高，而你是一个从没见过英国男性的外星人，所以什么都不知道。他们可能只有几微米长，也可能像恒星星团那么大。你完全没概念。

你可以把全英国的所有男性按身高排队，好测量他们的身高。这样能看到最完整的情况：非常矮或非常高的人会很少，平均水平身高的人最常见。但这么做似乎非常劳师动众，就算你用"高斯爆裂枪"[*]威胁他们也是徒劳。其实大可不必，你可以抽样。

样本（sample）是总体的一小部分，你希望它能够代表总体。试吃本地精品面包房外的酸面包免费样品，你就能知道整条面包的味道；Kindle上的样章能让你对一本书有所了解。统计学样本也起着同样的作用。

于是你开始从总体中抽样，方法是在大街上随机找人量身高。你也许不太走运，测量的第一个男性身高有2.13米。这总比没有强，"他们像恒星星团那么大"的假设看来就不太站得住脚了；但如果你下结论说英国男性都是2.13米，那就和事实差太远了（我们再次看到为什

---

[*] 游戏《战锤40K》中死灵战士的一种武器。

么轶事证据常常站不住脚）。

这些你已经都知道了，于是继续抽样，继续记录身高。你绘制了一个简单的柱状图：每遇到一个身高1.8米的人，你就在身高1.8米那根柱上画一道；每遇到一个1.85米的人，你就在身高1.85米那根柱上添一笔，以此类推。

随着被测人数越来越多，你会发现图表渐渐显出形状。很多标记都出现在图表中部，两边则较少，形成一个驼峰状曲线，像一座古老的石桥。你会看到1.78米这一栏的标记最多，落在1.73米和1.85米之间的标记量也差不多，而在最远的两端，标记出现得非常少。这样的曲线趋近于"正态分布"（normal distribution），即著名的"钟形曲线"，以平均英国男性的身高为中心展开。

当你测量了成千上万人的身高后，这条曲线会变明显，但在一开始看上去可能坑坑洼洼。如果你碰巧遇到一些特别高或特别矮的人，这可能会导致你的曲线看上去不太对。但是假设你对人群总体的抽样确实是随机的，那么一般而言，抽样人数越多，你得到的结果就越接近总体平均值（如果不是随机抽样，那么你会遇到其他问题——参见第04章：偏差样本）。

我们还需要考虑这些人的身高与平均值相差多少。假设平均身高是 1.78 米。如果每个人几乎都拥有平均身高，只有少数人身高达到 1.83 米或低至 1.73 米，那么钟形曲线就会又高又窄；如果有不少人身高在 1.47 米，还有不少人身高 2.08 米，并且在这两点间的每个身高区间里人数都很多，那么钟形曲线就会更宽更平。我们用"方差"（variance）来描述数据的波动程度。

如果方差很小，那么你就不太容易遇到与平均值相差甚远的结果，反之亦然。

你可以不用阅读或掌握这个框里的内容，但如果你想了解样本量和正态分布的原理，请继续。

我们可以用赌场游戏花旗骰（craps）来简单演示抽样的原理。这个游戏只需要我们掷两个骰子，并把点数相加。

掷两个骰子并加总点数，会有 11 种不同的结果，从 2 到 12 不等。但每个结果出现的可能性并不相同。

假设你先掷出一个骰子，然后再掷另一个。如果

正 态 分 布

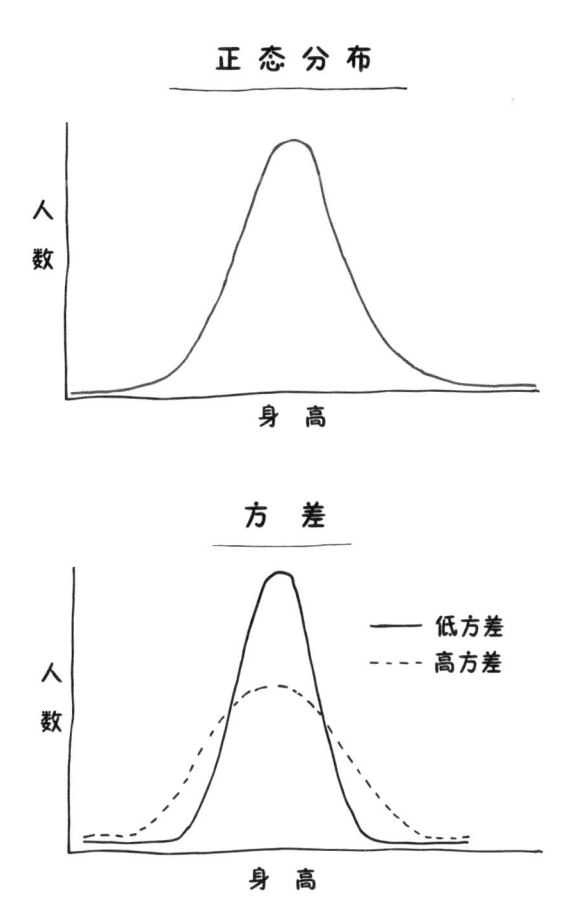

人数

身 高

方 差

—— 低方差
---- 高方差

人数

身 高

第一个骰子掷出了1，那么无论第二个骰子是什么数，二者相加的结果都不可能是12。同样，第一个骰子只要掷出的不是1，你就掷不出"蛇眼"（两个骰子皆为

1点)。你掷第一个骰子的结果会限制你能得出的总和，这个总和在X+1和X+6之间。

但这也意味着，无论你第一次掷出什么，总和都有可能是7。如果你第一次掷出1，则第二次掷出6即得7。如果第一次掷出2，则第二次掷出5即得7。以此类推，直到第一次掷出6，则第二次需要掷出1。因此，无论第一个骰子掷出几点，都有1/6的机会得到7。

掷两个骰子，总共会有36种结果。其中6种组合得出7，因此掷出7的机会是6/36，即1/6。5种组合得出8，还有5种组合得出6；4种组合得出9，还有4种组合得出5，等等。但是只有1种组合可以得到2，也只有1种组合可以得到12。

以上都可以在数学上证明，就像我们刚才演示的那样，但你也可以通过亲自掷骰子来证明。你如果掷36次，可能不会刚好得到6次7，或刚好得到5次6之类的。但如果你掷100万次，你基本就会看到每6次就出现1次7，每36次就有1次蛇眼。

假设你正在试图通过实证的方式找出用两个骰子掷出7的概率。基本原理是这样的：你掷的次数越多，样本量就越大，你就越有把握预测你将掷出多少次7。

两个骰子各种总点数的概率

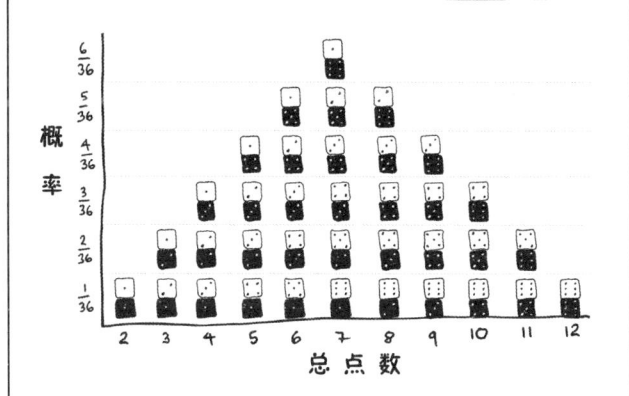

如果掷 20 次,那么你有 95% 的机会掷出 1 到 6 个 7。这里有 6 种可能的结果,超过投掷总次数的 25%。

如果你掷 100 次,你掷出 7 的 95% 概率区间就在 11 到 25 次之间:只占掷骰总次数的 15%。

如果你掷 1000 次,那么你掷出 7 的 95% 概率区间在 145 到 190 次之间。结果范围已缩小到仅占掷骰总次数的 4.6%。

所有其他可能的掷骰结果也是一样:你会看到蛇眼出现的次数越来越接近掷骰总次数的 1/36,掷出两个 6 也是如此,介于这两种结果之间的所有结果也都遵循正态分布的情况。

随着掷骰子"采样"的次数越来越多，你会越来越接近"真实"分布。

坚持到这里的读者，我将给你们讲一段趣事作为奖励。知道乔·威克斯（Joe Wicks）吗，就是在每个工作日都通过 YouTube 直播在自家客厅给孩子们上体育课，带领英国熬过封锁的那位善良人儿，他曾经在同样的问题上百思不解。在他的训练计划中，他给每个动作分配了一个从 2 到 12 的编号，想通过掷两个骰子来引入随机机制，但发现他总是在做波比跳（7 号动作）而很少做开合跳（2 号动作），于是感到极度困惑[3]。在意识到其中的错误后，他改用了轮盘。

回到男性身高，你有一个以平均值为中心的简单分布，仍然假定你的抽样是随机的，那么你测量的男性越多，样本构成就越接近总体人口，就像上面框中关于骰子的例子那样。

但是假设你想解决一些别的问题，例如服用某种药物是否比不服用该药物恢复得更快。在这种情况下，你测量的不是一件事，而是两件事：人们服用这种药物后的康复速度，和不服用该药物时的康复速度。

你想知道这两组是否有差别。但就像身高一样，这里也会有一些随机变化。如果你只选两个人，一个服药，一个不服药，那么你可能发现服药的那个好得更快。但这可能只是因为他体质好。

所以你要将很多人随机分为两组，其中一些人服用该药物，另一些人则服用安慰剂。然后你测量两组人恢复健康的平均时间，就像测量身高那样。你做的事本质上还是抽样——从两个假想"总体"中抽样，一个是"服药"的"总体"，另一个是"不服药"的"总体"。如果平均而言，服用该药物的人康复得更快，那就表明该药物的确能让人康复得更快。

问题是，你可能仍然不走运，测身高也会这样。说不定被你分到干预组的人碰巧全都是，或者大部分都是更为健康的人。那么，看似是药物使人们恢复了健康，但实际上，无论吃不吃药，他们都会比另一组恢复得快。

当然，样本中包含的人越多，受这些随机变化影响的可能性就越小。问题是，你需要多少个人才能得到一个可靠的估计？答案是：视情况而定。

这取决于各种因素,但最重要的因素之一是你所探究的效应(effect)的细微程度。干预产生的效应越小,你需要调查的人就越多——用术语来说,你所需的"统计功效"(statistical power)就越大。仔细想想,这还是挺明显的。你不需要1万个人这么大的样本量来调查"头部中枪是否对人不好"这种问题。

回到说脏话那个研究:说脏话对力气的效应——如你所料——就算真有,大概也极小。如果效应明显,那奥运会举重决赛就只能等小孩睡觉后播出了。

那项说脏话研究包括两个独立的实验,分别分析对力量的两种不同测量:一个实验有52名参与者,另一个实验有29名。我们应该注意,这与我们前面讲的研究模型有一点儿不同:有一些人被要求在举起重物的同时说脏话,而另一些人被要求在举起东西时喊出一个非脏话词,这就像我们之前讲的药物试验;但这项研究的不同在于,接下来两组会互换,刚才没说脏话的人现在被要求说脏话,反之亦然。两组人的两次力量都会被测量。这叫"被试内"(within-subject)试验设计,它能减少样本量小的问题。

刚才我们说了,具体需要多大的样本量取决于多个因素，包括你正在探究的效应有多细微。你还可以使用一些统计技巧来降低出现随机性结果的概率。

我们认为你应该警惕任何参与者少于100人的研究，这是可靠的经验之谈，尤其是当它被用来提出一些非常惊人且/或效应细微的说法时；一项研究随着样本量的扩大，在其他条件相同的情况下，其可信度应会增加。也许说脏话会让你力气变大，但我们会他妈的非常惊讶。

况且，这也只是些茶余饭后的笑谈——谁真的在乎说脏话能否让自己力气变大？如果真是这样那倒是又有新意又好玩，但这不太可能是一个生死攸关的问题。

但很多事情并非如此。2020年上半年，全世界都在奋力寻找可能治疗或预防新冠的某种办法或说任何办法，科学论文和预发表论文（尚未经过同行评议的科学论文）充斥互联网。其中一篇论文研究了抗疟疾药物羟氯喹的效果[4]。这是一项对照试验，就像说脏话让你力气变大的那项研究（但并非随机试验），它得到了很多人的关注，以至于那位唐纳德·J.特朗普都在一条推文[5]中提了它。该研究发现，"羟氯喹治疗与新冠病患的病毒载量减少/消失显著相关"。

总共有42名患者参与了该研究：干预组中的26名

患者接受了羟氯喹治疗，对照组的 16 名患者未接受该治疗。就算这项研究的其他方面都进行得很好（也并没有），样本量小仍然使该研究存在软肋。就像说脏话有可能让你力气变大，羟氯喹也可能对新冠病有一些效果。但它也可能没效果，甚至可能有害。我们几乎无法通过这项研究得出结论。然而，它却成了世界各地的新闻标题。

04
偏差样本
网上调查靠得住吗

2020年4月的《太阳报》[1]和《每日邮报》[2]以令人兴奋的报道揭晓了英国最受欢迎的"封锁期零食"(此处应有鼓声):烤芝士吐司。这个面制品加乳制品的热腾腾组合以22%的选票险胜第二名:获得21%选票的芝士洋葱味薯片。其他名列前茅的零食还有培根三明治(19%)、巧克力蛋糕(19%)和芝士配苏打饼干(18%)。

在上一章中我们了解到,样本量很小的话,抽样的随机性很容易使统计结果出问题。但这些关于零食的报道是基于网上银行公司Raisin对2000人进行的一项民意调查[3],那大概是符合规范的吧?

其实仍有其他方面可能导致研究出错。最明显的一个情况通常是,你所采集的样本不具有总体代表性。

在上一章中，我们设想通过随机测量身高来计算总体人群的身高。但现在假设你把测量摊位设在了篮球运动员大会的外面。你可能会突然发现身边走过很多2米多高的人。你的样本的平均身高会蹿升，但总体人群的平均身高并没有变。

这就叫"抽样偏差"（sampling bias）。"偏差"一词通常用于描述人：这个裁判对我的球队有偏见（bias），那家媒体对我喜欢的政党有偏见，等等。统计偏差的原理和它们大致相同。假设你在做一项问卷调查："英国顶级联赛史上最伟大的足球俱乐部是哪个？"你先到安菲尔德路调研，接着又去马特·巴斯比爵士路问同样的问题。*在这两个地方，你会得到非常不同的结果，因为你得到的人群样本非常不同。

偏差样本有着小样本没有的糟糕面向。对于小而随机的样本，至少是你获得的数据越多，就越接近真实答案。但对于偏差样本，获取再多数据也无济于事，反倒会让你对错误的答案更有信心。

举个例子，在2019年英国大选前夕，时任工党领袖

---

* 安菲尔德路（Anfield Road）和马特·巴斯比爵士路（Sir Matt Busby Way）分别是利物浦和曼联两家足球俱乐部的主场所在地。——译注

杰里米·科尔宾和首相兼保守党领袖鲍里斯·约翰逊举行了电视辩论。政治民意调查公司 YouGov 在电视辩论后对观众进行了民调，发现观众们在谁"赢"了这场辩论上的看法平分秋色，48% 的人认为是约翰逊，46% 认为是科尔宾，还有 7% 表示不确定。（对，你发现三项加起来是 101%。有时当你将数字向上舍入到最接近的整数时有可能得到这样的结果。）

但这在网上引起了一些争论。一条被广泛转发的推文（撰写本书时已转发超过 1.6 万次）指出，其他民调发现的结果大不相同（见下页图）。[4]

在五项民意调查中，四项显示科尔宾轻松赢得了辩论。唯一一项显示相反情况的民意调查，样本量远远小于其他调查。然而，正是这项调查成了新闻频道援引的唯一数据。这是否表明媒体对科尔宾有偏见？

实际情况更像是发生了抽样偏差。其他四项民调均是在推特上进行的。推特上的民调通常只是无伤大雅的娱乐（如"薯片世界杯半决赛：乐事怪物芒奇腌洋葱味对阵乐事芝士洋葱味"），但有时也有政治民调。

问题是，推特用户不能代表总体人群。英国总体人群中有 17%[5] 使用推特，这群人往往（据 2017 年的一项

> **Twitter Guy**
> @twitterguy
>
> Britain Elects 33,000 votes
> Corbyn 57% Johnson 28%
>
> Paul Brand ITV 30,000 votes
> Corbyn 78% Johnson 22%
>
> Martin Lewis 23,000 votes
> Corbyn 47% Johnson 25%
>
> The Times 8,000 votes
> Corbyn 63% Johnson 37%
>
> YouGov 1,646 polled
> Corbyn 49% Johnson 51%
>
> BBC and ITV only quoting YouGov
>
> "不列颠选举" 33000票
> 科尔宾 57% 约翰逊 28%
>
> 保罗·布兰德 ITV 30000票
> 科尔宾 78% 约翰逊 22%
>
> 马丁·刘易斯 23000票
> 科尔宾 47% 约翰逊 25%
>
> 《泰晤士报》8000票
> 科尔宾 63% 约翰逊 37%
>
> YouGov 1646人民调
> 科尔宾 49% 约翰逊 51%
>
> BBC和ITV只援引YouGov
>
> 11:32 AM · NOV 20, 2019
> ♡ 16.1K 💬 9.7K People are Tweeting about this

研究[6]）更年轻、女性居多、中产阶级居多。与全国总体人群相比，年轻人、女性和中产阶级更有可能投票给工党（而且，那些看到相关推文后选择回应的人自然也代表不了整个推特）。

在推特上问更多的人也无济于事。你仍然会遇到同样的问题，因为你还是在调查不具代表性的样本。如果你在推特上对100万人进行民调，这仍然是在调查推特人口而非全国人口。你的结果越发精确，但大方向错了。

问题是，获得代表性样本很难。在推特上做民调，就遇不到不用推特的人。但同样的难题无处不在。在互联网上调查民意，就会错过不上网的人。在街上问人，就遇不到待在家里的人。政治民调机构过去常常拨打固定电话，因为几乎每个人都有固定电话，而且这是对人口随机抽样的一种非常简单的方法——只需拨打随机号码。但现在再这样做，你会得到一个有严重偏差的样本，因为有固定电话（且会接听陌生号码来电）的人与没有固定电话的人是不同的人群。*

虽然有一些取样方法可以在一定程度上帮我们避免民意调查中的这些问题，但调查永远做不到完美。就拿一件事来说，你不能强迫别人回应调查，所以你永远无法对讨厌调查的那部分人进行充分抽样。实际中，民调

---

* 有趣的是，1936年美国大选期间发生了一件情况相反的事。角逐总统职位的是富兰克林·D.罗斯福和堪萨斯州州长、共和党人阿尔弗雷德·兰登，在竞选前，《文学文摘》杂志利用电话号码线索对240万选民进行了民调，然后预测兰登将获得57%比43%的压倒性胜利。而实际结果却是兰登38%，罗斯福62%。《文学文摘》利用电话号码簿调查民意，而电话在当时是昂贵的新工具，主要由富人拥有，这导致调查结果出了严重偏差。民调公司盖洛普的创始人乔治·盖洛普仅调查了5万人，就得到了更准确的结果：他预测获胜的将是罗斯福。——原注

机构会用另一种方法：对结果进行加权。

假设你从人口普查数据得知在总人口中男性和女性各占50%。在调查民意时，你要尽可能地获得具有代表性的样本。在1000名受访者中，有400名女性和600名男性。你问他们："你喜欢《实习医生格蕾》这个电视剧吗？"你得到的回答中，有400人表示喜欢，600人表示不喜欢。于是你便认为喜欢《实习医生格蕾》的人占40%。但如果仔细观察数据，你就会发现存在性别偏态（skew）：表示喜欢的人100%是女性，而男性是0%。

而调查结果显示40%，这是因为你的样本不能代表总体。好在纠正这种偏态并不难。你只需对结果进行加权：你知道总体人口中有50%是女性，但你的样本中女性只占40%；你还知道50比40多25%。所以你就把400个说喜欢的结果加上25%，得到500。

同时，男性这边也要做这样的计算。你的样本中男性占60%，但你知道在一个无偏差样本中这个比例会是50%。你知道50是0.833⋯乘以60，由此我们知道男性的权重是0.833⋯。将600张投给"不喜欢"的票乘以0.833⋯，得到500。现在，加权结果告诉你，人口中不多不少有50%的人喜欢电视剧《实习医生格蕾》。

你可以用更精细的方法进行加权。比如，你要调查人们在上次选举中给谁投了票，同时你知道在那次选举中全国有35%的人投给了工党，40%的人投给了保守党，而你调研的受访者中有50%回答他们那次投给了保守党，你就可以相应地给你的样本重新加权。或者，如果你知道总体人口的年龄分布，但由于使用了固定电话抽样，你的抽样结果里老年人比例较高，那么你可以依年龄分布重新加权。

当然，这取决于你是否了解总体人口的真实情况：如果你认为男女各占50%，但现实中的男女比例是60∶40，那你的加权反而会让问题变得更糟。但你通常可以从人口普查或选举结果等情况中了解到一些基本现实。

还有其他导致样本产生偏差的因素，其中最明显的是"引导性问题"。例如，你要问人们是否该给600个人用药，他们的答案将取决于你下一句说"200人会得救"还是"400人会死"，即使这两种陈述逻辑上相同。[7]这种"框架效应"（framing effect）显著存在于民意调查中：例如，面对是非型问题，人们有一种说"是"的倾向（比如问"政府应该为治疗付费吗"时）。

那么，烤芝士吐司是英国最受欢迎的零食吗？这个嘛，也许 raisin.co.uk 确实下了很大功夫收集了具有代表性的样本，也许他们确实根据年龄、性别和投票意图等因素进行了加权——但我们并不清楚。（我们已经问了！如果他们回复，我们会在本书重印时补充该信息，我们向你保证。）

但如果他们真这么做了，我们会略感惊讶，把这种为博君一笑的调查做到这种程度也太劳神费力了。他们很可能只是进行了一次互联网调查，在回收的问卷中，愿意回答互联网调查问卷的人占了极大比例。

问题是，愿意回答互联网问卷的这部分人群对零食的口味是否与总体人口相同。也许相同，但我们无从得知。我们知道的只是，在他们询问的 2000 人中，22% 选择了烤芝士吐司。这没问题，而且这个事实本身就很有意思。你现在可以讲一些关于这 2000 人的结论。但关于整体人口，你大概得不到多少结论。

05
统计显著性
更确定不等于更重要

当有女士在场时,男士会为了给女士留下深刻印象而吃得更多吗?《每日电讯报》2015年的某则新闻的标题做了肯定的回答。[1] 这一情况后来也得到了路透社[2]和印度的《经济时报》[3]的报道。这些报道称,男性和女性一起用餐时,会比和其他男性一起用餐时多吃93%的比萨饼和86%的沙拉。报道基于康奈尔大学食品与品牌实验室的心理学家布莱恩·万辛克(Brian Wansink)和另外两名研究者的研究。[4]

到目前为止,你大概已经发现,在本书提到的报道中,数字并非总是完全可信。但这一次肯定不是记者的错。事实上,是这项研究出现了严重失误,而这个失误能让我们看到科学是如何运作以及如何出错的。要理解为什么这个报道中的统计数据不能信,我们就需要深入了解科学实践的机制。但如果你能把这章读下来,后面章节中的很多内容会更好理解。

只要读过任何关于科学或数字的新闻报道,你基本都会遇到"统计显著性"(statistical significance)这个词。如果你误以为这个措辞意味着你读到的统计数据很显著,也是情有可原。可惜,它比这要复杂得多。根据2019年一篇论文的定义,统计显著性的含义如下[5]:

> 假设原假设(null hypothesis)成立,并且通过从同一(批)总体中随机抽样来无限次重复同一研究,在所得的所有结果中,比当前结果更极端的结果少于5%。

你能看懂吗?我们试着来解释一下。

假设你想了解某件事,比如阅读一本名为《数字一点不老实》的书能否让人更好地理解新闻中的统计数据。你可以抽取一个多达1000人的大样本,该样本将包含这本书的数百万读者里的一些人,以及没读过这本书的一些人。(为了便于讨论,我们假设,在谁都没有读过这本书之前，这两个群体没有差别，即使我们知道，在现实中，平均而言，买这本书的人肯定远比总体人口中的其他人更聪明、更睿智、颜值更高。）

下一步，我们让样本中的每个人都做一个简单的统计能力小测验，看看读过这本书的人是否比没读过的人做得更好。

我们假设数据显示这本书的读者似乎在测验中表现更好。我们怎么知道这并非碰巧？我们怎么知道他们做得更好是因为一些实实在在的差异，而不仅仅是随机变化？要找出答案，我们可以使用一种名为"显著性检验"（significance testing，或称"假设检验"hypothesis testing）的统计学方法。

我们先设想一下如果这本书没产生任何效果，我们会看到怎样的结果。这个假设就叫"原假设"。另一种可能性是，这本书确实产生了一些积极效果——这个假设叫"对立假设"（alternative hypothesis）。

用图表展示最为直观。在原假设下，我们预期会看到这样一条曲线：顶峰位于平均分附近，大部分人位于中部，得分很高和很低的人都是少数——就像第 03 章中的正态分布曲线。我们预期读过这本书的人的平均分和

p 值操纵

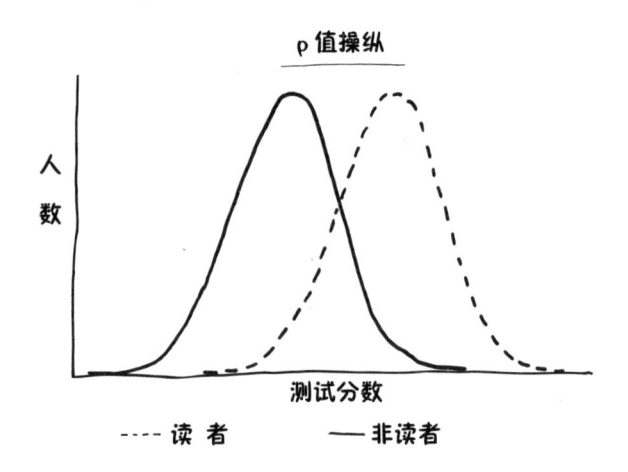

人数 | 测试分数

---- 读者　　—— 非读者

分布曲线与没读过的人的几乎相同。

而在对立假设下,读过的人的平均分应该高于没读过的人,那么分布曲线将会向右平移。

但事情没这么简单。我们的原假设是说,这本书不起任何效果,而且两组人的统计学水平还非常不现实地完全在同一起跑线上,但即便在这样的假设下,还是有一些随机变化:有些人可能在那一天状态不佳。回想电影《双面情人》的情节可以帮助我们想象:在某一个宇宙中,格温妮丝·帕特洛误了火车,参加测验迟到了,所以她很慌张,结果答得很差;在另一个宇宙中,她准时参加了测验,得了高分,并继续爱上了约翰·汉纳。

随机变化也许不足以将她从笨蛋变成统计天才，但足以影响她的分数。每个人在测验中的表现都有一定程度的随机性，无论多么小。

如果有几个没读过这本书的人碰巧得分很低，或者几个读过这本书的人碰巧得分超高，就可能足以显著改变平均分，使读者看上去比非读者答得更好。

现在我们假定，不管出于什么原因，测验结果显示这本书读者的得分比非读者更高。在我们的例子中，原假设是说读这本书没有任何效果，并且任何波动都只是随机产生的，而如果原假设成立，你要检验的就是这样的测验结果（或更极端的结果）出现的可能性有多大。这就是显著性检验。

我们不可以单凭一个证据就毫无疑义地说原假设是错的；理论上，无论结果和原假设的差距多么大，都有可能完全是巧合。但差距越大，巧合的可能性就越小。科学家们就把发生巧合的可能性大小叫概率值（probability value）或"p 值"。

某些结果随机出现的可能性越小，p 值就越低。因此，如果说读这本书没效果，而 100 次小测验里只观察到 1 次这么极端或更甚的结果，那我们就说 p=0.01，或

1/100。(接下来这一点非常重要,简直太,重,要,了,我们甚至想把这个重要的事情说三遍:它的含义并,不,是,说测验结果有 1/100 的概率是错的。我们稍后会回到这一点,但这里需要做个标记。)

在科学的许多领域有一个惯例:如果 p≤0.05,即你预期出现如此极端的结果的可能性不超过 5%,那么这个发现就有"统计显著性",这意味着你可以推翻原假设。

假设我们查看结果时,发现读过这本书的人的平均分确实高于没读过的人。如果该结果的 p 值小于 0.05,那我们就说我们达到了统计显著水平,可以推翻原假设("读这本书什么用都没有")而支持对立假设("这本书让你的统计学能力变得更好")。p 值告诉我们的是,如果原假设成立,则我们如果要进行 100 次检验,就该预期读过这本书的人和没读过的人相比,获得和这次测验差不多的成绩的次数不超过 5 次。

统计显著性是个令人困惑的概念,即使对科学家来说也是如此。2002 年的一项研究发现,100% 的心理学本科生误解了统计显著性,更令人震惊的是,他们的讲师也有 90% 是如此。[6]另一项研究查看了 28 种心理学教材,其中 25 种在定义统计显著性时包含至少一项错误。[7]

让我们来消除一些可能的误解。首先，我们所说的"统计显著性"是一种人为的惯用分界点，记住这一点很重要。$p=0.05$ 没有任何神奇之处。你可以把这个值设置得更高，然后宣布更多的发现具有统计显著性；也可以把值设得更低，然后宣布更多结果不具有统计显著性，而很可能是巧合。设得越高，假阳性的风险就越大；设得越低，假阴性的风险就越大。如果实际上读我们的书有效果，但由于设置了特别严格的 p 值，可能会导致我们宣称读这本书没有任何效果——当然，反之亦然。

其次，统计学的"显著"也不是这个词的通常意义。例如，如果非读者组的平均分是 65 分，而读者组的平均分是 68 分，这可能达到了"统计显著性"，但你可能不觉得这有多大的显著意义。"统计显著性"衡量的是观测结果乃是巧合的可能性，而非它的重要性。

还有最后一点至关重要，统计显著性不是说，如果得到一个 $p=0.05$ 的结果，你的假设就只有 1/20 的机会是错的。这种误解很常见，也是科学研究出错的重要原因。

问题在于，尽管 $p \leq 0.05$ 的统计显著性完全是人为选定的，但科学家——更重要的是，期刊——经常将其视为一个分界点。如果你的研究发现 p=0.049，它也许就能发表；如果发现 p=0.051，它很可能不会被发表。而科学家要想获得资助、获得终身教职并让自己的职业生涯更上一层楼，就需要将自己的研究发表出去。他们受到极大的激励去寻找具有统计显著性的结果。

让我们回到读书实验。我们真的想证明我们的书能提高读者的统计能力，这样我们就可以登上《星期日泰晤士报》畅销书排行榜，还能参加所有最棒的鸡尾酒会。但我们进行实验后，只得到了 p=0.08。

好吧，我们想，也许只是运气不好。所以我们把实验又做了一遍。这次得到了 0.11。我们一次又一次地进行实验，直到最终得到了 0.04。太棒了！我们报告了我们的发现，从此靠这本书的版税吃饭。但这个结果几乎可以肯定是假阳性。如果你把某项实验做了 20 次，那么你就该预期会看到 1/20 的巧合结果。

这不是我们唯一的途径。我们还可以用多种不同的方法雕琢数据。比如说，除了测量分数之外，我们还可以测量人们完成测验的速度，或者笔迹是否工整。如果读书组的得分没有表现得更高，我们可以看看他们是否完成得更快；如果这也没有的话，我们还可以看看他们的字是否变漂亮了。或者，你可以删除一些比较极端的结果，并把它们叫"离群值"（outliers）。如果我们测量了足够多的东西，用足够多的方法把它们组合起来，或者对数据做出足够小且看似合理的调整，那么我们肯定能够出于巧合而得出某些发现。

让我们回到那些关于男性吃得更多以给女性留下深刻印象的报道。2016年底，万辛克作为主要作者撰写了一篇博客文章，这篇文章后来导致他的职业生涯陷入困境。文章题为《从不说"不"的研究生》。[8]

万辛克在文中讲了一名新来到他实验室的土耳其博士生的故事。他说，他给了她"一份数据集，来自一个自筹资金的研究，但研究失败了，没有找到任何发现（这是一项在一家意大利菜自助餐厅中进行的研究，为期一个月，我们给一部分人打了五折优惠）"。他告诉她仔细检查数据，因为"我们肯定能从这里找出点什么"。

在他的授意下，这位博士生以几十种不同的方式重新分析了数据，不出所料，发现了很多相关性，就像上面假想中的读书研究那样，我们大可以尽力雕琢数据，直到找到一个 $p<0.05$ 的结果。她和万辛克通过该数据集

发表了五篇不同的论文,其中包括"男性会为给女性留下深刻印象而多吃"的研究。在这项研究中,他们发现,有女性在场时,男性吃更多比萨饼的 p 值为 0.02,吃更多沙拉的 p 值为 0.04。

但那篇博客文章引起了科学家们的警觉。这样的行为叫"p 值操纵"(p-hacking):"揉捏"数据,使 p 值低于 0.05,从而使研究得以发表。精通方法论的研究者开始查看万辛克过去的所有工作,还有一位消息人士将他的电邮信件泄露给了 BuzzFeed 新闻的科学调查记者斯蒂芬妮·M. 李。原来,他让那位博士生将数据分解为"男性、女性、吃午餐的、吃晚餐的、独坐的、两人一桌的、两人以上一桌的、点酒的、点软饮的、靠近自助餐区的、远离自助餐区的等等"。[9]

人们也发现万辛克过去的论文存在其他方法论问题,更多电子邮件也揭示了他低劣的统计操作——在一封邮件中,他暗示:"我们应该能从中找出多得多东西……我认为为了显著性和讲出好故事而挖掘数据乃是好事。"[10]他希望这项研究能够"病毒式成名"。

这个例子比较夸张,但没这么夸张的 p 值操纵比比皆是。它通常不会造成什么伤害。学者们迫切希望得到

p<0.05，这样就能发表论文，于是他们会重新进行试验或重新分析数据。你可能听说过"再现危机"（replication crisis）：在心理学及其他科学领域，有科学家得出了重要的发现，但当别人去重现这些研究时，发现许多结论实际上并不成立。这是因为那些科学家未能准确理解一个问题：他们不断地雕琢数据、重新研究，直到发现具有统计显著性的结果，却没有意识到这样做会使自己的工作变得毫无意义。在"第15章：追求新奇"中，我们会再来讨论这一点。

几位坚持科学原则且具有统计学头脑的研究人员和一位经验丰富的科学记者为了挖掘万辛克的行为，花了几个月的时间。而大多数时候，撰写科学文章的记者都是基于通稿来快速撰写新闻。他们通常没有数据集，即使有，他们也无法发现p值操纵。而经p值操纵的研究有一个不公平的优势：由于这些研究本身就不需要正确，让它们变得引人注目就更容易。所以这些研究经常出现在新闻中。

读者要在新闻报道中发现这一点并不容易。但我们需要明白：某件事仅仅是"统计上显著"，并不代表它真的具有显著、重大的意义，甚至不代表它是正确的。

06
效应量
睡前看屏幕害死人?

对于长时间抱着屏幕看这个事儿,我们要担心到什么地步才算完?过去几年里出现了各种夸张说法,值得提及的包括iPhone可能"摧毁了一代人"[1],或者"对女孩来说,使用社交媒体比吸食海洛因危害更大"(这种说法后来被从文章中删除)[2]。这个领域的研究既混乱又艰难,既难以获得优质数据,又要避免得出站不住脚的相关性,不过最有力的科学研究似乎表明我们不需要太过担心。[3]

但有一个领域备受关注,那就是屏幕与睡眠之间的关联。2014年一则新闻的标题尽显大声疾呼之势:《睡前在屏幕上阅读可能会害死你》。[4] 这篇报道基于《美国国家科学院院刊》(*PNAS*)上的一项研究。[5]

大意很简单：睡眠不足对健康有害；研究表明在发光的屏幕上阅读会减少人的睡眠时间；因此，新闻报道推断，在发光的屏幕上阅读可能会害死你。

咱们有一说一。该研究确实发现，看屏幕的时间与睡眠时间有关。被试被要求在一天睡前阅读一本电子书，在另一天睡前读一本普通的纸质书。（顺序是随机安排的：有些人先读纸质书，有些人先读电子书。这是为了防止先读某种书会成为影响结果的因素。）

它发现了一个具有统计显著性的结果：$p<0.01$。读过第05章，你会记得，这意味着如果看屏幕完全没有任何效应，在将实验进行100次后，像这样极端的结果，预期出现次数不到1次。尽管如此，这仍是一项非常小的研究，只有12名被试；正如我们在第03章中所见，样本量小可能导致奇怪的发现。但有时即使研究规模很小，只要谨慎对待，它们也可以为我们指引可能的研究方向。

但正如你在第05章中读到的那样，"统计显著"并不意味着重要。如果一项发现具有统计显著性，那仅意味着这项发现有比较大的可能是真的。另一个你需要考虑的是"效应量"（effect size）。好在它不像"统计显著性"那么容易被误解，"效应量"的意思正是它的字面意思：

效应的大小。

既然我们在这一章讨论的仍是读书，让我们回到第05章的那个研究本书读者的假想实验。这一次，我们的实验稍有不同。我们让500人阅读《数字一点不老实》，500人读另一本较为逊色的书籍，比如《米德尔马契》或《莎士比亚全集》之类，并将两组人做比较。然后，我们这次不测量读这些书如何影响统计能力，而是测量他们睡着的时间，看一组人是否比另一组人更晚入睡。

返回的结果很明显：所有500名阅读《数字一点不老实》的人都比另500人更晚睡着。

这无疑是一个具有统计显著性的结果。即使不知道差异有多大，纯属巧合的概率也极其微小，小到这个概率的分母比宇宙中原子的总数还要大得多。假设这项研究的设计和执行没有问题，这样的结果就表示效应不可能不存在。

现在假设我们想知道效应有多大。我们看到的是，读《数字一点不老实》的全部500人的确都入睡更晚——晚了正好1分钟。

效应真实存在。它具有统计显著性。但它与你的生活毫无干系。如果你想得到有助于改善睡眠的信息，这个结果对你毫无用处。

科学家对一件事是否具有统计显著性有极大的兴趣：你如果了解到一件事与另一件事有相关性，就可以对这一相关性展开研究，也许就能多了解一些其背后的机制。例如，屏幕使用时间如果对睡眠确有影响（真实效应），那么即使影响很小，也可能为我们揭示人类昼夜节律的运作方式——蓝光是否对重置人的内部生物钟有一定作用。这可能会带来更进一步的有趣发现。有时，即使是很小的效应也很重要：也许一个自行车队找到一种方法，能成功制造出更圆的车轮，可以使骑手每公里花费的时间减少万分之六秒；这可能足以产生金牌和银牌之间的差距，特别是队医也给他们开了足够的哮喘药的话。*

然而，对一名读者——一个试图理解周遭世界、试图理解如何应对其中的风险和困难的人——而言，某两件事之间是否存在统计学上的显著关联，不过是智识层面的兴趣而已。例如，你可能想在睡前读 Kindle 而不是纸质书，这样你就可以关掉灯，让你的伴侣好好睡觉。

---

* 顶级运动员多有哮喘问题，因此国际反兴奋剂机构允许运动员使用哮喘药物。但一些哮喘药物原则上是兴奋剂，虽然相关机构认为它们不是提升运动表现的那类兴奋剂。

你真正关心的不是能否发现关联，而是这个关联有多大。

睡前看屏幕的影响有多大？答案是：很小。该研究的被试被要求在睡前 4 小时（注意是 4 小时！）阅读纸质书或电子书。结果，在阅读电子书的晚上，被试平均晚睡了 10 分钟，而《睡前在屏幕上阅读可能会害死你》这篇报道没有提及此点。每晚都少睡 10 分钟也许不是小事，但谁天天晚上在床上看 4 个小时的书啊？

有趣的是，后来有一项针对青少年的规模大得多的研究得到了类似的发现：屏幕使用与睡眠之间存在相关性，但很小。[6] 多使用屏幕 1 小时与损失 3—8 分钟的睡眠相关。这也许掩盖了某些巨大差异——也许大多数儿童和青少年不受影响，但少数人受了严重的影响。但看起来，睡前不看屏幕对全国人的睡眠习惯没有太大帮助。

如果报纸和媒体渐渐习惯谈论效应量，而不仅仅是统计显著性，我们会很开心。他们不必深入技术细节，只需简单地说"4 个小时的阅读时间与少睡约 10 分钟有关"，就可以为读者提供所需信息，以确定此事是否值得注意。读者应该注意的不仅仅是是否存在关联，例如"吃培根会致癌吗"，而是这些关联有多大（如果我连续 20

年每天吃培根，我患癌的可能性有多大）。如果文章看起来没有提到这一点，那么最可能的解释是，这个关联的效应非常小，而真相并没有听上去那么吸引人。

07
混杂因素
碳排放致肥胖？

过去几年里，关于电子烟的争议很多。大多数反吸烟组织和癌症慈善机构认为这是戒烟的好办法，但有些人认为电子烟有害，或是会诱使人开始抽真烟。2019年，有报道称，吸电子烟的儿童更可能吸食大麻。[1]

该说法基于《美国医学会期刊·儿科学》上的一篇论文，该论文考察了其他21篇论文并综合了它们的结果。[2]这种汇总其他研究的论文叫"后设分析"（meta-analysis）。这项后设分析发现，吸电子烟的12—17岁儿童，吸食大麻的可能性约是不吸电子烟的儿童的3倍。

我们刚刚讨论过效应量，而上面这件事听起来还挺严重的。我们在下一章会讨论为什么建立因果关系很难，但这件事听上去肯定值得忧虑。

但在看到两件事（在上述例子中就是吸电子烟和吸大麻）高度相关时，你还需要注意其他一些方面：有没有其他事物同时与这两者相关？这样的事物就叫"混杂变量"（confounding variable）。

如果你不太明白，这儿有个例子。全球每年与肥胖相关的死亡比例与每年二氧化碳的排放量具有相关性。[3]

那么二氧化碳会使人发胖吗？大概不会。相反，真实情况可能是，世界变得越发富裕，而随着人们越来越富裕，就有更多的钱花在高热量食品，以及汽车和电力等产生碳排放的商品上。如果将这一点纳入考量，碳排放与肥胖之间的关联可能就消失了——二者的关联大部分可以用第三个变量"国内生产总值"（GDP）来解释。

另一个经典的例子是冰激凌和溺水。在冰激凌销量上升的日子里，溺水事故也会上升。但显然冰激凌不会致人溺水。而是，天热的时候，冰激凌销量会上升，因为热天吃冰激凌很舒服；游泳也是一样，只是可惜它会导致一些人溺水。一旦你把气温也算进去——或者用统计学的话来说，"控制"气温变量——这种相关性就会消失。因此，如果只看冷天（或只看热天）里冰激凌的销量和溺水事故，你不会看到任何关联。

多 个 变 量

因肥胖症死亡的比例（%）与每年 CO_2 排放量（单位：10 亿吨）

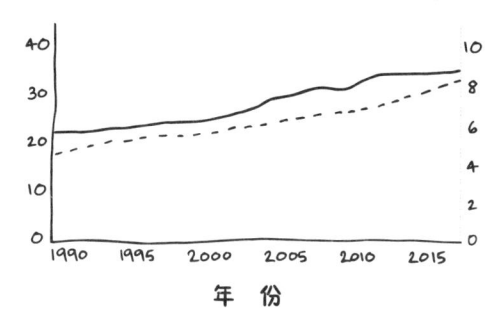

```
 40                                              10
 30                                               8
                                                  6
 20                                               4
 10                                               2
  0                                               0
   1990  1995  2000  2005  2010  2015
                   年 份
```

---- 因肥胖症死亡的比例（%）
—— 每年 CO_2 排放量（单位：10 亿吨）

这一点在讨论效应量时至关重要。一个变量可能看似与另一个变量密切相关，比如吸电子烟和吸大麻。但这种效应是真的存在，还是说，它实际上是由其他一些变量，即一些"混杂因素"（confounder）引起的？要弄清楚这个就不容易了。

那项关于电子烟的后设分析所纳入的研究，都控制了可能存在的混杂因素——年龄、性别、种族、家庭教育、吸烟情况、吸毒情况等；不同论文控制的因素不同。

有些论文发现了更强的联系。例如一项控制了性别、种族和学校成绩的研究发现了极强的相关性：电子烟使用者吸食大麻的可能性是非电子烟使用者的约 10 倍。[4]

但有一项潜在的混杂因素是大多数研究都没有考虑的。与我们这些老年人相比，青少年本来就更愿意冒险和寻求刺激。我们这些经历过青春期的人也会记得在那时做过非常出格的事情，放到现在简直无法想象。[5] 而吸大麻和吸电子烟都属于"危险行为"。

当然，并不是所有青少年都一样。有些人相对更厌恶风险。吸电子烟的人很可能也吸真烟、喝酒或吸毒。对任何人来说，这听上去都不足为奇。

有趣的是，有两项纳入前述后设分析的研究，的确考虑到了这类情况：他们控制了"寻求刺激"的性格特质因素——定义为"渴望兴奋、刺激和新奇的体验"。[6] 寻求刺激的特质水平通过问卷来确定，得分高的人往往对冒险运动、开快车以及沉溺酒精和软性毒品更感兴趣。（不出所料，寻求刺激的年龄高峰出现在青少年时期和二十出头，男性高于女性。）

这两项研究都将寻求刺激的性格特质纳入了考量，但在探索电子烟和吸大麻的关联时得出了不同的结论。

其中一个研究[7]发现吸电子烟的人后来吸大麻的可能性是其他人的1.9倍,这比大多数其他研究的发现要低得多;而另一个研究[8]完全没有发现相关性(事实上还呈现出微弱的下降趋势)。这两项研究得出的结果相比其他研究要小得多,部分原因大概就在于它们努力控制了寻求刺激的性格特质。

控制了潜在的混杂因素,结果就可能更接近"真实"的效应量。但要确定你是否控制了应该控制的因素,是否有所遗漏,或者——正如我们将在第21章讨论的"对撞偏差"(collider bias)——是否控制了不该控制的因素,就是个复杂的难题了。

这并不是说吸电子烟和吸大麻之间绝无关联。你可以提出一个似乎言之成理的解释:这些作者认为尼古丁会影响正在发育的大脑,使大脑更想寻求刺激。也许这是对的,但这样一来,效应好像就大得不太合理了;人在寻求刺激方面的先天差异似乎才是需要考虑的因素。

但有这样一个一般性规则:当你看到一篇新闻报道说X与Y相关时,不要以为这就意味着X导致了Y,或是反过来。可能有某个隐藏因素Z,同时导致了两者。

你可以不用阅读或掌握这个框里的内容，但如果你想了解"统计回归"（statistical regression）的原理，请继续。

你之前可能听过"统计回归"这个词。听起来很专业，但原理相当简单。

假设你想了解人的身高是否和体重相关。于是我们从总体人群中随机抽取大量样本，给他们量身高、称体重，然后将数据全部绘制在一张散点图上，一个点代表一个人，X轴为身高，Y轴为体重——也就是说，如果一个人较高，标记他的点就更靠右；如果一个人较重，标记他的点就更靠上。如果有人又矮又轻，标记他的点会在左下角；如果有人又高又重，标记他的点会在右上角，依此类推。

你要看的是，这张散点图是否存在一个清晰的模式。在这个例子中，你可以看到数据像一个斜向上的坡——一个人如果更高，也很可能更重。这就是所谓的"正相关"，意思是如果一个变量上升，另一个变量往往也会上升。如果一个上升而另一个下降，我们称

体 重 与 身 高

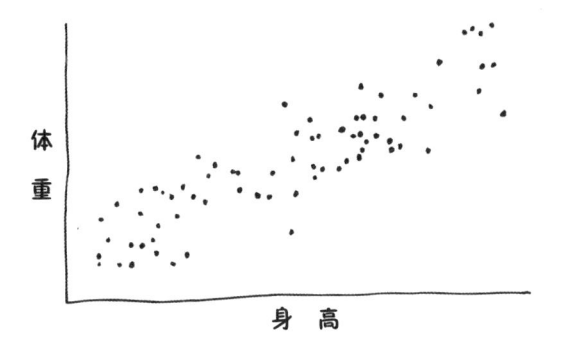

之为"负相关"。如果这些点各处散落,没有明显的趋势,我们会说这两个变量没有相关性。

现在,假设我们想在数据中画一条线来描述趋势,该怎么做呢?你可以目测,而且光靠目测大概也能做得很好。不过,数学上有一种更精确的方法,叫"最小平方法"(least squares method)。

想象在图上画一条直线。它会穿过一些点,但大部分的点会在这条线的上方或下方。每个点与这条线的垂直距离称为"误差"(error)或"残差"(residual)。取每个残差的值,算出平方(也就是将其与自身相乘,因为数字与自身相乘后始终为正,这样做就消除了某些残差为负数的麻烦），然后将这些平方加在一起。这个数字就是"残差平方和"。

只要你画的这条线的残差平方和是最低的，它就是"最佳拟合线"（line of best fit）。刚才的散点图，看起来就会是这样：

体重与身高

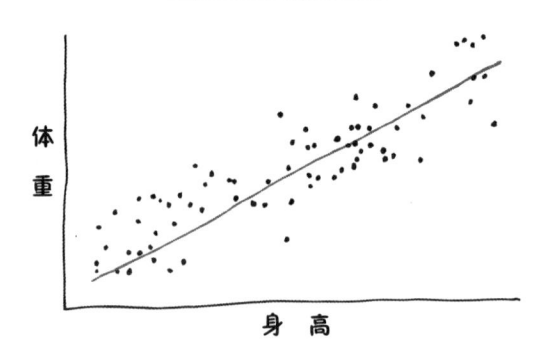

我们可以借这条线做出一些预测；残差越小（平方和越低），这些预测就越可靠。如果我们又找到一些人，为他们测量身高和体重，我们会预期代表他们的点落在这条线上，或离这条线很近。或者，如果知道某人的身高，我们就可以预测他们的体重。例如，假设身高是 1.75 米，只要参考这条线，我们就能预测体重为 76 千克。(反之亦然：如果知道某人的体重，就能猜出他的身高，但你必须用另一种方式画线，测量水平误差，我们大概不用在这里深谈了。)

应该注意的是，只使用某人的身高来预测其体重，大约做不到特别准确。运动量、饮酒量、一周吃了多少烤馅饼等其他变量也有助于预测体重。将这些变量算进去，你就能更好地了解身高对体重的真实影响。正如我们在本章讨论的，这是在"控制"其他变量。如果不控制混杂因素，最终就可能夸大或低估相关性，或者在并不存在相关性的情况下得出明显相关的结论。

08
因果性
汽水使人暴力？

喝可乐会招致你和别人打架吗？喝完一瓶冰镇芬达后，你是否感到有一股冲动，止不住想用玻璃瓶砸人？

根据2011年的一则新闻标题，好像的确有人如此。就是那些糟糕的年轻人。《每日电讯报》写道[1]："汽水使青少年变得暴力。"《泰晤士报》同样写道[2]："研究人员表示，汽水使青少年变得更加暴力。"

这些报道基于《伤害预防》(*Injury Prevention*)期刊上的一项研究[3]，该研究发现"每周饮用超过5罐软饮料的青少年……曾经携带武器，或对同龄人、家人和约会对象实施暴力的可能性更为显著"，实际上是可能性高出其他人约10%。

值得注意的是这里的措辞。《伤害预防》的研究说的是喝可乐的人更可能有暴力倾向，而报纸则说汽水使青少年变得更加暴力。

这里有一个重要的差异。研究发现的是相关性，正是我们在前几章刚聊过的话题：如果一个变量升高，另一个也升高。但正如我们所见，这并不一定意味着一方导致另一方升高，和大气中的二氧化碳不会让人变胖，冰激凌卖得好也不会导致溺水，是一个道理。

而报纸则采用了因果性口吻。汽水"使青少年变得暴力"，这意味着是汽水导致了暴力；并且，由此可得，如果没收汽水，你就能阻止暴力。

正如前文所示，要判断两件事物是否直接相关是很难的，比如在你已经将其他因素纳入考量后，冰激凌销量是否真的与溺水人数相关，还是说二者都分别与某种因素如气温相关。但通常真想了解的不是这个，而是一件事是否会导致另一件事。我们该怎么做呢？

我们目前讨论过的大多数研究都是观察性研究，也就是说，世界是什么样子，它们就看到什么样子。回到二氧化碳和肥胖的例子，你观测了大气中二氧化碳含量的变化，还观测了因肥胖症死亡的人数的变化，你会注意到二者都上升了。

问题是，这些观察并不是说二氧化碳导致了肥胖症（或肥胖症导致的死亡），实际上你无法从中得到这样的结论。也许是肥胖症的增加导致二氧化碳上升。也许存在混杂因素（更可能是这种情况）：如上一章所说，也许随着国家变富有，人们往往会变胖并制造更多碳排放。

在这样的观察性研究中，有多种方法可以用来探寻哪个是原因哪个是结果。例如，原因一定出现在结果之前：如果你看到二氧化碳水平上升出现在肥胖症上升之前，那大概就能排除"肥胖导致碳排放"的假设。另一个要看的是"剂量反应"（dose response），也就是说，假设为原因的那个因素水平越高，效应量应该越大。并且，如果能有一些理论依据让我们相信因果关系存在，当然也会有所帮助：潮湿的路面和雨云相关；其中一种因果方向很容易解释，而相反的因果方向却不容易解释。

有些因果关系难免太过明显，比如下雨会导致路面潮湿；和我们的讨论更相关的例子是吸烟导致肺癌，这里原因先于结果，有明确的剂量反应和明确的理论解释，效应也大到令人无法忽视。但除此之外，通过观察性研究来确定因果关系往往非常困难。那么我们要如何确定一件事是否导致了另一件事？

理想情况下，我们使用一种名为"随机对照试验"（randomised controlled trial，RCT）的方法。

以下是随机对照试验的基本理念。我们还用之前的例子，即读这本书能否让人更擅长统计学。不同的是，我们不再只考察碰巧读过这本书的人，而是故意把书给人们读。你的样本里可能有1000人。你让他们都做一个统计学测验。然后你将他们随机分成两组。其中一组看这本书；而另一组读的是对照组版本，看上去和这本一样，但里面的所有统计数据都是错的（如果你在这本书中发现了任何错误，你可能拿到的是对照组版本）。

两组人都把书读完后，你再做一次统计学测验，看是否其中一组的平均分有所提高，或两组均有提高。如果本书能使人的统计能力变强，那你就该预期读这本书的小组平均分会更高。

对照组的作用是提供一种"反事实情况"（counter-factual），就如同一窥平行宇宙。如果只是在读书前和读书后让被试做测验，并发现他们有所进步，那可能是这本书让他们更擅长统计学了，但也可能是他们同时都在上网课。也可能是随便读什么书都足以提高统计能力。又或者只是对人开展研究，就可能使其行为有所不同。*因此，你创建一个对照组，要看看假如你测验的人没读过这本书，其统计学能力会怎样。

当然，不一定每个研究都能进行随机对照试验。有时这样做不切实际或违背伦理——你不能为了研究吸烟对儿童的影响而每天给 500 名儿童每人一包"使馆 1 号"香烟，持续这样做 10 年，再将其与对照组比较——这样做就太令人发指了。你也不能随机选择国家在其中发动战争，然后观察战争对该国经济的影响。相反，你可以尝试寻找"自然"实验，即因其他原因而被随机分配的群组。

例如，曾有一项著名的研究想探寻参军对终生收入的影响；但是参军人群不同于不参军人群，所以不能直接比较。[4] 幸运的是（至少对研究人员来说），在 1970

---

* 这是研究中会出现的一个问题，叫"霍桑效应"（Hawthorne effect），但关于它是否真实存在有一些争议。1924—1927 年间，研究人员以伊利诺伊州霍桑工厂的工人为试开展了一项研究。该研究想要知道增加车间的照明是否能提高工人的生产效率。流行的说法是，研究发现实际上无论是更亮还是更暗，产量都会提高。但当丢失已久的原始数据被找到并重新分析时，并没有发现这样的效应。其他人声称在其他研究中发现了这个效应，但仍然存在争议。——原注

年越南战争期间，美军开始征兵。征兵通过抽签，就是在电视直播上从一个类似宾果摇奖机的机器里抽球。这相当于创建了一个实验组（被征召入伍的男性）和一个对照组（未被征召的男性）。研究发现，被征召入伍的男性在其一生中的平均收入比未被征召的男性低15%。

但大多数观察性研究都不是随机对照试验，也不是随机或半随机的自然实验。大多数观察性研究只能告诉你两个或更多变量是否倾向于大约同时上下波动。这些研究告诉你的是相关性，而非因果性——而且，正如社交媒体上的每个学究都会对你说的，这俩不是一回事。

然而，这一点在报纸的报道里常常不清晰。一篇相关论文查阅了媒体对77项观察性研究（即不表现因果性的非随机对照试验）的报道，并发现近半数研究被报道为因果关系，比如"白天小睡有助于提高学龄前儿童的学习能力"之类的标题，而研究显示的只是存在关系，而非因果关系。[5]

让我们回到汽水的研究。你现在应该不会因为这其实是一项观察性研究而感到惊讶，研究并没有给500名青少年喝 Irn-Bru，给另外 500 名喝无添加糖的利宾纳[*]，然后将他们加以比较，看哪组更有可能在公共汽车站拿刀捅人。相反，这项研究关注的只是被试的汽水饮用量是否和他们犯下的暴力行为之间存在关联。

所以我们并不知道是饮料导致了暴力，还是暴力导致他们喝饮料（诚然这听起来有点不太可能，不过街头打架是有可能让人口渴），或是如第 07 章所述，有其他变量同时与这两个变量相关。该研究称，它控制了多项因素，不过作者们自己也认为"既可能存在直接的因果关系"，但同样"可能还有其他因素能同时导致大量饮用软饮和攻击性，却未被我们的分析纳入考量"。他们确实控制了多种因素——性别、年龄、饮酒情况等——尽管如此，它不能得出因果关系。鉴于研究本身并没有声称汽水会导致暴力，那些新闻标题得出的结论就不合理。

我们并不是说所有的随机对照试验都很完美，它们会被很多实际问题搞砸，而且它们本身也存在一大堆问题。但它们是揭示因果性的最有效方式。

---

[*] Irn-Bru 是流行于苏格兰的橙味汽水，利宾纳（Ribena）是无汽的黑加仑饮料。

读者可以使用一个简单的经验法则：如果新闻报道的一项研究不是随机对照试验，那么就要对任何因果关系表态保持警惕。可能存在很好的理由去假定关系是因果性的，但除非研究做了某种随机分组，否则大概就无法得出这样的结论。

> 你可以不用阅读或掌握这个框里的内容，但如果你想多了解一些因果性，请继续。
>
> 研究人员在做观察性研究时，有时会使用一种妙招来验证因果性，叫"工具变量法"（instrumental variable approach）。比如你是一名经济学家，试图研究经济增长对非洲战争的影响。显然，冲突会阻碍贸易、投资和商业活动，从而降低经济增长。但这只是事情的一面。经济增长放缓很可能会提升发生冲突的可能性：许多人失业、愤怒，于是我们很容易相信这个国家可能面临更大的发生暴力事件的风险。
>
> 所以，如果你观察到战争和经济崩溃似乎齐头并进，要怎么确定是哪个导致了哪个？

如果你认为 A 导致 B，但事实证明是 B 导致了 A（或 B 同时也导致 A），这就叫"逆向因果关系"。当然，情况还可能更复杂：A 可能导致 B，B 又进一步导致 A，形成一个反馈循环。在暴力事件和经济增长的例子中，这样的情况不难想象——而如果是这样，它就会像混杂因素那样干扰你的衡量。

那么你怎么知道因果箭头应该冲哪个方向？是 A → B，B → A，还是循环？一种方法是使用一个工具变量——找出某种你能测量的东西，它和你研究的其中一个变量相关，但和另一个变量没有关系。在战争和经济增长的例子里，这样一个工具变量是降雨量。

2004 年的一项研究试图探究经济放缓是否会导致战争。[6] 它发现经济萎缩 5% 会导致次年发生战争的可能性增加 12%。但是，该研究的作者指出，即使战争是发生在经济衰退之后，这也不能证明因果关系。也许是公民意识到紧张局势正在加剧，于是改变了行为，造成了经济萎缩。

因此，他们决定观察降雨量。这听起来可能很奇怪，但在以农业为基础的经济体中，降雨与经济增长密切相关，而干旱可能导致灾荒；平均降雨量越高，经济增长越快。研究假设，若非通过经济的影响，降雨与战争没有密切联系。因此，如果在降雨量增加的年份战争较少，就表明经济情况确实对发生冲突的可能性有影响，因为降雨只会通过经济影响战争。

你看：研究发现，降雨量较多的年份，战争次数较少，这表明经济确实会影响冲突。

当然，还是那句话，现实比这更复杂。你试图选择一个影响一件事而不影响另一件事的工具变量，但要确定你是否做到了可不容易。在这个例子中，另有经济学家指出，当大雨淹没道路时，发动战争更困难。[7] 研究人员试图将这一点纳入计算，但是否成功就不得而知了。这些东西很复杂。许多学者在仅仅探索相关性时都会搞错，导致结果出问题呢。[8]

09
这个数字大吗

你可能还会记得，在2016年上半年的某个时期，许多巴士侧面都写着一个数字，是个挺大的数：3.5亿英镑。据说，那是我们每个星期上交给欧盟的钱；巴士广告劝诫道："让我们把这笔钱拿来资助NHS吧。"

别担心，我们不是要对这个数字的真实性发起新一轮争议。多个事实核查机构[1]和英国统计局[2]一致认为，实际数字应为2.5亿英镑——约1亿英镑的返还款从未离开英国的银行账户，并且从经济角度讲，我们通过贸易获得的利益远远多过这些，但这不是这里的重点。我们要讨论的是，这个数字算不算大。

一个数字要多大才算大？其实没有这样的说法。毋宁说，一个数字大不大完全取决于背景语境。如果你房子里有100个人，那100是个很大的数，但如果是说星系里的100颗恒星，那100就是个很小的数。在数你的头发时，2根头发微不足道，但用2来描述一生获得诺贝尔奖的次数，或者腹部中弹的次数，2可就很大了。

不过，新闻在展示数字时经常没有给出背景信息，那么你就需要想一想，这个数字算不算大。而最重要的背景信息就是"分母"。

分母是分数线下面的数字：3/4里的4，5/8里的8（线上方的数字是"分子"）。可能在学校数学课上学了这个词后，你不太经常用到它，但它对于理解新闻里的数字至关重要。要知道一个数字算不算大，很大一部分工作就是找出最合适的分母。

我们来看一个例子。在1993—2017年之间，伦敦共有361名骑行者死于道路交通事故。[3]这个数算大吗？听上去挺大的。但它以什么为分母？在那25年的时间里，有361次骑车出行以灾难告终。但人们一共骑车出行了多少次？如果知道分数线下半部分的数字，我们就能更好地理解每次骑车出行的实际风险。

你很少被告知这一信息，可能是因为人们觉得你知道。如果我们要你来猜一猜的话，你觉得1993—2017年间，人们每天在伦敦的道路上完成了大约多少次骑行？

假设我们告诉你，这个数字是4000。这就意味着在刚刚提到的那段时期中，总共约有3.65亿次骑车出行，相当于每10万次骑行中有1人死亡。

假设我们告诉你，这个数字是4万。这就相当于每100万次骑行中会有1人死亡。

假设我们告诉你，其实每天骑车出行人次是40万。那就是每1000万次有1人死亡。

哪个数字是准确的？你不知道的话，也就无法知道戴上头盔的骑行者们骑上伦敦大街所面对的风险。你不知道这个数字有多大：脱离了背景信息，这个数字成了孤家寡人。这就是为什么提供分母的数值非常重要。

好，不折磨你了：据伦敦交通局，在这一期间，真实数字大约是43.7万人次／天。1000万次骑行中有1例死亡，这样的风险是否太高，每个人都会有自己的判断——但如果不知道分母，你就无法判断。

（顺便一说，值得注意的是，在那段时间里，日均骑行次数出现了大幅上升：从1993年的每天27万人次增加到了2017年的72.1万人次。在这段时间里，死亡人数虽略有波动，但明显是减少了：1993年是18人，2017

年是10人。所以如果你在伦敦骑自行车,一次骑车出行的死亡风险现已降至20世纪90年代初的约1/5。而且骑车对你而言大有裨益:即使把事故风险和空气污染风险都算进去,平均下来,你也能期待骑自行车将显著延长你的预期寿命。[4])

在新闻报道中,分母缺失是一个常见问题。2020年,《每日快报》报道,过去10年间有163人在警方拘留期间死亡。但实际上有多少人曾被警方拘留?[5]这个数字是1000人还是100万人,故事会截然不同(据内政部统计,更可能是后一个数字:每年约有100万次逮捕,虽然不是每次逮捕都会导致拘留[6])。

再比如犯罪问题:如果有人告诉你,美国每年有300人被无证移民杀害(唐纳德·特朗普在2018年如是说),你可能觉得这个数字听上去挺大的。[7]但真是这样吗?分母是什么?

这次有点复杂——你需要的东西不止一样。你可以找出美国全人口中的杀人案数量:根据FBI,2016年有17250起。[8]但这还是没法告诉我们300人算不算多,我们还需要知道有多少无证移民,然后才能算出他们是否比普通美国公民更有可能杀人。

好在加图研究所在2018年做了一些调查工作。他们得出,得克萨斯州(一个"非法"移民人口众多的州)在2015年有22797819名"本地出生的美国人"、1758199名"非法移民"及2913096名"合法移民"。

他们还发现,本地出生的美国人犯下709起杀人案,非法移民犯了46起。有了这些数字,我们就可以将每个群体犯下的杀人案数量除以该群体总人数,即将分子除以分母,然后看看哪个更大。在这个例子中,709除以22797819等于0.000031,即每10万人中有3.1起杀人案;46除以1758199等于0.000026,即每10万人中有2.6起杀人案。因此,至少在得州,无证移民成为杀人犯的可能性低于一般公民。如果你觉得信息还没说完——在"合法"或说"有证"移民中,每10万人约犯下1起杀人案。

回到巴士标语的例子。3.5亿英镑这个数字,听起来很大。在许多意义上,它确实很大——比普通人一生的收入高数百倍。这么多钱甚至可以为你在北伦敦买一套四间卧室的房子。

但它算不算大?分母是什么?

我们来看一下。首先，3.5 亿英镑乘以 52 星期等于 182 亿英镑，这就是我们每年给欧盟的钱（至少根据巴士标语给出的信息是这样；我们先用这个数）。

根据 2020 年预算，英国政府 2020—2021 财年在从国防到道路维护再到养老金等方方面面的总支出，预计约为 9280 亿英镑。[9] 将 182 除以 9280（然后乘以 100% 以得出百分比），结果略低于 2%。因此，至少在当年，额外支出 182 亿英镑将使国家预算增加约 2%（如果这仍然让你感到恼火，那如果我们用实际数字 2.5 亿英镑，增加就约是 1.4%）。

国家预算增加 2% 并非微不足道：举例来说，这相当于我们在"个人社会福利"（当地政府为老年人、残疾人、处境危险的儿童等弱势群体提供的支持）上的总支出的一半。但它可能也并不像听上去那么高。问题是，如果不把分母纳入考量，你做判断的依据就只有：人们听到了一个数字，并认为它好像很大。

也许我们没法要求所有新闻报道在引用数字时都尽量提供一个合适的分母。但作为读者，当你读到一些令人吃惊或听上去了不得的统计数据时，该问问自己：这个数字大吗？

10
贝叶斯定理
95% 准确率没意义

2020年春,全世界许多人被封锁在家,此时,我们大多数人都急切地想多少知道一点儿何时、怎样才能出门,才能让社会重新运转起来。不少地方提出了"免疫通行证"的想法,并获得了广泛[1]报道[2]。

该想法背后的理由是,一旦你得了这个病,你就对它免疫了:你的身体会产生抗体来抗衡这种病从而保护到你,就算免疫效果不能持续终生,至少也会持续较长一段时间。在撰写本书时,这个尚未得到证实的说法仍较有说服力。对免疫通行证的构想就是,你会做一个抗体检测,如果检测结果呈阳性,你就会得到一个证明,以示你已经得过这种病,已经对它免疫,可以重启生活。你将既不会感染这种病,也不会把它传染给别人。

当然，免疫通行证是否可行，取决于检测结果的准确性。在刚才提到的那些报道发表的时候，美国 FDA 已经紧急批准了一项检测，该检测声称它在 95% 的情况下是正确的。[3] 那如果你做了这个检测并得到了阳性结果，你已经获得免疫的可能性有多大？是大约 95% 吗？

不是。如果你只知道这一个信息的话，那么获得免疫的可能性有多大，你根本无从得知。我们没有足够的信息，也就没有丝毫线索去了解你已经获得免疫的概率。

这种情况需要用到"贝叶斯定理"，该定理以 18 世纪的长老会牧师、数学爱好者托马斯·贝叶斯（Thomas Bayes）之名命名。它虽然道理很简单，但会带来一些非常意想不到的结果。

用逻辑运算符号写出贝叶斯定理，看起来会有点吓人：$P(A|B)=(P(B|A)P(A))/P(B)$。但其实它的意思很直白。它表达的是，如果有两个陈述，A 和 B，那么当 B 成立时，A 亦成立的概率是多少。想了解更多的话可以阅读下面的文字框。它既重要而又反直觉，是因为这样一个情况：在你还不知道 B 是否成立前，要先已知 A 成立的先验概率（prior probability）。

你可以不用阅读或掌握这个框里的内容，但如果你想多了解一些"条件概率"，请继续。

贝叶斯定理讲的是条件概率，也许你还记得学校里是怎么讲的。假设你有一副刚洗好的牌。你抽第一张牌是 A 的概率是多少？是 4/52，因为 52 张牌中有 4 张 A。4 和 52 都可以被 4 整除，所以也可写作 1/13。

假设你第一次就抽到一张 A。第二张牌抽到 A 的机会有多大？你已经抽到了一张 A，并且这副牌里少了一张牌，所以数字发生了变化：现在有 51 张牌，里面有 3 张 A，所以是 3/51。

这就是你在已经抽过一张 A 且没有将其放回牌堆的条件下，又抽到一张 A 的概率。

在统计学中，一个事件（我们叫它 A）的概率（我们叫它 P）写作：

$$P(A)$$

如果在发生 A 之前发生了另一件事（我们叫它 B），那我们就这样表示：

$$P(A|B)$$

> 竖线符号"|"表示"在……条件下"。P(A|B) 的意思是"在 B 已经发生的情况下，A 发生的概率"。因此，当 P(A|B) 表示"在你已经抽过一张 A 且没有将其放回牌堆的条件下，又抽到一张 A 的概率"时，这个概率是 3/51，或说约 0.06。

仅用符号是很难解释的，来看一个例子会好懂一些。假设你做了一个血液检测，它可以在早期探测到一种罕见但致命的神经退行性疾病，准确性极高。

重要的是，这里有两种准确性：对于患有这种疾病的人，它准确告知他们患该病的概率是多少，即它的真阳性率或"敏感度"（sensitivity）；以及对于没得这种病的人，它准确告知他们未患病的概率是多少，即它的真阴性率或"特异度"（specificity）。我们假设它在这两方面的得分都是 99%。

但关键的一点是，该疾病非常少见。假设在任何时候，每 1 万人中只有 1 人患此病。这就是你的先验概率。

于是你给 100 万人做检测。患病概率是万分之一的话，就相当于有 100 人患该病。你的检测会正确地发现其中99个人患有此病。到目前为止没什么问题。

检测也会正确地辨别出989901人没有这种病。这一步似乎也没什么问题。

不过，有一个麻烦。尽管它99%的结果是正确的，但仍会有9999名完全健康的人被检测判断患有致命疾病。在被告知患有该病的全部10098人中，只有99人真的患病，这个比例约为1%。如果你相信了检测结果，并告诉每一个得到阳性结果的人他们患有此病，那么100次中就只有约1次是正确的（同时也让人心惊胆战，可能还导致他们接受不必要的侵入性高危医疗操作）。

如果先验概率未知，就无法知道一个阳性结果意味着什么。它无法表明你有多大可能患有它所检测的疾病。所以报告一个"准确率95%"这样的数字是没有意义的。

这并不是一个只有学者才关心的假想问题。一项后设分析（你还记得第07章提过这个吧，指的是一种综合了其他研究结果的论文）发现，在连续10年每年进行乳腺X光检查的女性中，有60%的人至少得到过一次假阳性结果。[4] 另有一项研究针对的是前列腺癌检测呈阳性的男性，他们在做了活检和直肠检查后发现，有70%是假阳性。[5] 一项产前筛查胎儿染色体疾病的检测声称"检出率高达99%，假阳性率低至0.1%"，但这些疾病都极其少见，而根据一项研究，实际上有45%到94%的结果都是假阳性。[6]

我们不是说这些检测结果会被当成定论，虽然有阳性结果的人会得到更全面的诊断检查；而是说，这样的结果会吓到许多最终被证明并无癌症或胎儿畸形问题的病人。

不仅仅是医学检测。贝叶斯定理对法律也有重要意义。事实上，法庭上有一个众所周知的常见失误，即"检察官谬误"，本质上就是对贝叶斯定理的误解。

1990年，安德鲁·迪恩（Andrew Deen）被判定犯有强奸罪，部分依据来自DNA（脱氧核糖核酸）证据，并被判处16年监禁。一位为控方出庭的鉴证专家说，DNA来自其他人的概率是300万分之一。[7]

但正如首席法官泰勒勋爵在审查该案时指出的[8]，这是混淆了两个不同的问题：一个是，如果一个人是无辜的，那么他与证据中的DNA谱相匹配的可能性有多大；另一个是，如果他与证据中的DNA谱相匹配，那么他有多大可能是无辜的。"检察官谬误"指的是将这两个问题混为一谈。

我们可以像分析医学检测那样分析这件事。假如你真的竟然没有任何其他证据——相当于说嫌疑人是从整个英国人口中随机选的，而当时英国大约有6000万人——那么任一随机挑选的人是凶手的先验概率就是6000万分之一。如果你对所有6000万人做DNA测试，凶手会被识别出来，但还会有20个无辜的人得到假阳性结果。所以，即使一个无辜的人得到阳性结果的概率只有300万分之一，但一个随机挑选的人如果检测结果呈阳性，这个人有95%以上的可能是无辜的。

在现实中，被告不是随机选的，通常会有其他证据支持，这意味着先验概率大于6000万分之一。但是，就像医学检测一样，知道DNA证据检测出现假阳性的概率并不能告诉你某人无辜的可能性有多大：你必须有一个先验概率，先要对他们有罪的可能性有一些估计。

1993年12月，上诉法院撤销了对迪恩的定罪，裁定为证据不足，他们表示，这是因为之前的法官和鉴证科学家都落入了"检察官谬误"的陷阱。

还有莎莉·克拉克（Sally Clarke）的案件，也同样因检察官谬误而成为悲剧。她在1998年被判谋杀她的孩子，因为一位专家证人说，一个家庭中有两个婴儿死于婴儿猝死综合征（SIDS）的概率是 7300 万分之一。这位专家证人没有考虑到一个人连杀两人的先验概率：这种情况比 SIDS 还要罕见。[9]（该案还存在其他问题，特别是专家证人没有考虑到已出现过一次 SIDS 的家庭再出现一次的可能性更高）。2003 年，克拉克得以翻案。

以上这些给我们的免疫通行证留下了什么启示呢？这么说吧，如果你的抗体检测呈阳性，即使它有 95% 的敏感度和 95% 的特异度，你实际上还是不知道自己得过这种病的概率。它只能告诉你，在你做检测之前，你可能得过这种疾病的概率——即你的先验概率。最明显的入手点是这种疾病在人口中的患病率。

假如 60% 的人得过这种病，那么如果你检测 100 万人，其中就会有 60 万人得过这种病，40 万人没得过；你的检测将正确识别 57 万得过这种病的人，还会错误地显示有 2 万个实际没得过这种病的人得过。因此，如果你的抗体检测呈阳性，这个结果是假阳性的概率只有 3%。

但如果只有 10% 的人得过这种病，那么你检测的 100 万人中，就只有 10 万人得过这种病；你的检测会正确识别其中的 9.5 万人，但对于余下的 90 万人，它会告诉其中有4.5万人得过此病。此时，你如果抗体检测呈阳性，实际上没得过这种病的概率就是32%——但你会以为你现在可以安全地出门上街，造访年迈的祖父母，或是去一家养老院上班。

再次强调，这些数字只适用于对总人口进行随机检测的情况。如果你仅检测出现过核心症状的人，你的估计会更准确；在这种情况下，你检测的人群患过这种疾病的可能性更高，所以得到阳性检测结果更能说明问题。此时，你的先验概率更高。但如果对先验概率没有一个估计，你就无法知道检测结果意味着什么。

这个概念很难弄懂——不仅仅对读者或记者如此。2013年的一项研究要求近5000名美国妇产科住院医师——有行医资格的医生——计算一个人患癌症的概率：假设1%的人口患这种病，且该受检者在精确率90%的检测中得到了阳性结果。[10]正确答案是"约10%"，但即使以选择题的方式作答，也有74%的医生答错。

尽管如此，先验概率还是很重要。它重要是因为我们会读到关于筛查、疾病检测等情况的报道——如果没有这个信息，在准确率为95%的检测中，阳性结果似乎听上去意味着你有95%的可能患有相关疾病。

但并非如此。无论是关于癌症筛查、DNA 谱分析、新冠病毒检测还是其他什么，如果你看到报道中说"检测准确率 99%"，却没提先验概率等事，请谨慎对待。

11
绝对风险和相对风险

给高龄父亲们播报一则骇人的新闻：《每日电讯报》2018年报道，生育年龄在45岁或以上的男性"更有可能生下有健康问题的婴儿"。[1]具体而言，其中一个结论是，相比生育年龄在25—34岁之间的年轻父亲，高龄父亲生的孩子"发生癫痫的概率高18%"。说实话，终于有一则报道不是在给高龄母亲制造恐慌，或是讲不孕症和各种出生缺陷的高风险了（通常是被大大夸张的），真是个可喜的变化。

这篇报道基于一项发表在 BMJ 上的研究，该研究关注的是父亲的生育年龄对婴儿健康的影响。[2]研究确实发现了上述风险增幅。

但《每日电讯报》的报道少说了一件事——比什么

高 18%？

当你看到某个量增加 75%、减少 32% 或是有什么其他变化，这是一个"相对"变化。如果我们谈论风险——比如你要是每周吃五只或更多烤天鹅，那一生中患痛风的概率会增加 44%，这种——那我们谈的是相对风险。

你会经常看到以这种方式表示的风险。例如，2019 年，美国有线电视新闻网（CNN）报道，培根会增加患肠癌的风险：吃得越多，患肠癌的风险越高，"日常摄入每增加 25 克加工肉制品（大约相当于一片薄薄的培根），风险增加 20%"。[3]

或者，回到父亲生育年龄和出生缺陷的风险，2015 年有报道称，十几岁的父亲更有可能生下患有"孤独症、精神分裂和脊柱裂"的孩子，据《每日邮报》报道[4]，风险增幅为 30%。

风险增加 30% 听起来很吓人。增加 20% 或 18% 也很可怕。这些数字听上去很不得了。听上去甚至像在说，吃培根就有 20% 的风险患肠癌，或者如果不到 20 岁就生孩子，孩子患脊柱裂的风险就是 30%。

当然不是这个意思。风险增加 30% 意味着你的风险从某个水平 X 上升到 X 的 1.3 倍。但除非你知道 X 是什么，否则这对你没有多大帮助。这就是为什么以"绝对"风险的形式呈现这些东西很重要。就是要看某件事本身发生的概率有多大，而不是只看概率改变的幅度。

回到吃培根的人患肠癌的风险。根据慈善机构英国癌症研究中心的数据[5]，英国男性在其一生中患肠癌的背景风险约为7%，女性约为6%。

这显然不容忽视：英国人约有1/15的概率患上此病，不同性别的患病风险稍有不同。那我们现在看看20%的风险增长意味着什么。

让我们取最大的数字来算。假设你是一名英国男性，你患肠癌的背景风险约为7%。你每天多吃一片培根（约25克）。这会使你的风险增加20%。

但请记住，这是7%的20%，即1.4%。因此，风险从7%升至8.4%。如果你略有粗心，或是还不习惯计算百分比，可能认为它上升了20个百分点，即高达27%。但并非如此。

因此，你患肠癌的风险从约1/15升至约1/12。这不容忽视，但听起来远没有"风险增加20%"那么可怕。

实际上，你还可以继续想。我们预期每100名英国男性中约有7人会在一生中的某个时候患上肠癌。如果他们所有人都开始每天多吃一片培根，会患上肠癌的就不是 7 人，而是 8.4 人。每天多出来的这些培根意味着，患上原本不会患上的癌症的概率约为 1/70。如果你是女性，那么概率就更小了。

这不是说 1/70 的患癌概率可以忽略不计。它是一条重要的信息，你可以用来帮你决定是否要调整饮食。但这与"增加 20%"完全不同，后者根本无法告诉你你所面临的风险。你要在吃多一片培根的好处和风险之间做权衡。多吃一片的好处是，这很享受！或许会让你感觉生活更快乐！你需要有质量的信息以确定舍弃这种好处是否值得。

相对风险也可以用来使药物看起来比实际更有效。例如，美国的一种抗癌药物在其广告中宣称："与化疗相比，它将死亡风险降低了 41%。"这听起来不错，但它其实就相当于平均多活了 3.2 个月。[6] 美国 FDA 研究发现，当医生被告知药物的"相对效应计量"而非绝对效应时，医生会产生"药物更有效的感知,并更有开药意图"——看，即使是医生，也会被相对风险所迷惑。[7] 以绝对风险的形式呈现数字，可以让我们所有人，无论是患者还是医生，都更好地了解危险性。

或许你也会读到一个政党或一个宗教正在"快速发

展"，这时，你同样要小心。如果某个政党的规模在一周内翻了一番，就相对增幅来说，它可能确实是发展最迅速的政党；但假如你得知它上周只有 1 名成员，而这名成员本周招募了她的丈夫加入，因此它现在的规模扩大了 1 倍，达到 2 人，那么你可能就不会刮目相看了。

让我们回到一开始关于高龄父亲与癫痫孩子的报道。你知道相对风险上升了 18%。但现在你也知道了，这个数字本身给不了我们多少信息。我们需要知道的是绝对风险，即如果你在人生的后半段成为父亲，你的孩子实际上有多大可能患上癫痫，和你早些要孩子的话孩子患癫痫的概率相比如何。

你需要的这两个数字分别为 0.028% 和 0.024%。如果你在 25—34 岁之间成为父亲，孩子患癫痫的风险是 10 万分之 24；如果你在 45—54 岁之间成为父亲，风险是 10 万分之 28。平均而言，父亲是否高龄这一差异将影响每 10 万名新生儿中的 4 名婴儿。

这绝不是说这一差异不重要。即使是 10 万分之 4，也是一个真实存在的概率。但要判断它的分量，必须看是和什么做权衡。有些人会想在人生的后半段要孩子，也许他们认为值得冒一点额外的小风险。

虽说如此,但这也很难全怪媒体。虽然大多数期刊在其投稿指南中都表示科学论文应给出绝对风险,但许多论文并没有这样做。例如,*BMJ*上关于高龄父亲的那篇文章,全部是以相对风险呈现的研究结果,这违反了*BMJ*的指南。而就算研究给出了绝对风险,有时新闻通稿里也没有;记者们通常时间紧迫,又往往不具备统计学知识,他们很难从论文本身获取信息(这还是说拿到论文的情况,但很可能并没有拿到),或者即使有条件获取论文,他们也可能意识不到这样做的必要。

但这对于传播是非常重要的一方面。科学新闻的作用,至少在涉及生活方式的风险方面,当然是必须为读者提供有用的信息——如果我每晚喝一杯葡萄酒,那会让我患上癌症或心脏病吗?该信息需要以绝对风险的形式呈现,否则毫无用处。科学期刊、大学新闻办公室和媒体都需要建立一条不可改易的规范:风险应以绝对而不仅是相对的方式呈现。

12
测量的东西变了吧

"英格兰和威尔士的仇恨犯罪在5年内翻了一番。"这是《卫报》在2019年10月的一篇报道。[1] 情况听上去极其糟糕。

这篇报道引用了2013—2019年警方接到的仇恨犯罪报案的统计数据。[2] 文章准确地报告称2018—2019年有103379起仇恨犯罪报案，其中78991起与种族有关，而2012—2013年只有42255起。

你也许会感到惊讶，也许不会，两种反应都很合理。我们生活的时代充满了糟糕的仇恨犯罪；但在总体社会趋势上，偏见程度也在降低。例如，"英国社会态度调查"发现，人们对同性关系的接纳度有所提高：1983年，认为这"没有任何问题"的英国人不到20%，但到了2016

年，这一数字已升至超过60%。[3] 同样，在1983年，超过一半的英国白人表示他们会介意亲人和黑人或亚裔结婚；到2013年，这一比例降至20%。[4]

在社会平均态度改善的同时，持有偏见的少数人也完全可能变得更加极端。这些仇恨犯罪背后应该隐藏着一些态度，而持有这些态度的人减少了一半以上，仇恨犯罪却显示翻了一番，这依然令人惊讶。这是怎么回事？

我们先来谈谈另一件事。孤独症（旧称"自闭症"）是一种影响人社交沟通和互动能力的发育障碍，多年来，孤独症的诊断一直呈上升趋势。2000年，美国疾控中心估计，每150名儿童中约有1名患有孤独症谱系障碍；到2016年，这个比例是1/54。[5] 其实2000年的数字也已经比前几十年高出很多倍：20世纪60年代[6]和70年代[7]的研究表明，每2500名甚至5000名儿童中，才有约1名儿童患孤独症。在世界各国也能看到类似的趋势，尤其是富裕国家。

这样的数字导致了"孤独症流行病"的报道。人们追溯各种原因：精神科医生指责父母冷漠和疏远（他们会用一个糟糕的称呼："冰箱妈妈"）。[8] 结果证明这种说法完全错误——或有多种原因可以解释为什么情感疏远的父母往往生养出情感疏远的孩子。后来，重金属污染、除草剂、电磁辐射、麸质、酪蛋白，当然还有疫苗，都曾作为可能的解释涌现出来。

但这些解释都说不通。我们使用的除草剂并没有比过去多，也没有证据表明最常受到质疑的除草剂草甘膦与发育障碍有任何关联。没有合理的机制或流行病学证据说明辐射与孤独症存在联系。也没有证据支持"疫苗说"——此外，如果某种疫苗能引发孤独症，那么该疫苗推出后不久，你应该会看到全国孤独症诊断飙升，但我们并没有看到。事实上，还没有人能为孤独症找到任何令人信服的环境风险因素。它似乎主要出自遗传因素和随机性的结合。

那孤独症的诊断为什么会以如此惊人的速度上升？

事情大概是这样的[9]：1952年出版的《精神障碍诊断与统计手册》第二版（DSM-II）根本没有包含"孤独症"的诊断，只是在儿童精神分裂症条目中提到了这个词。1980年，DSM-III发布，其中孤独症有了单独的诊断条目，被描述为一种根植于大脑发育的"广泛性发育障碍"。它给出了孤独症的诊断标准，包括"对他人缺乏回应""语言发展方面有严重缺陷""对环境反应古怪"等。[10]一个孩子如果在 30 月龄前符合这些标准，被观察到出现这样的行为，就会被诊断患有孤独症。

DSM-III 在 1987 年进行了修订，扩大了诊断范围，涵盖了较轻病例，列出了 16 条诊断标准（患儿须满足 8 条以上），并允许超过 30 月龄的儿童获得诊断。孤独症第一次被分为两部分，即"孤独症"和"待分类的广泛性发展障碍"（PDD-NOS），这意味着不符合孤独症完整定义但仍需康复支持的儿童可以得到诊断。

DSM-IV 于 1994 年出台，首次使用了"谱系"（spectrum）一词，并涵盖了五种不同病情，包括著名的阿斯伯格综合征。而当前版本 DSM-5（出于某种原因，他们不再使用罗马数字）完全删除了不同的次级诊断，将其中三种病情一同归入"孤独症谱系障碍"，其间不再有明显区别（其余两种被移出孤独症类别）。

因此，"孤独症"的含义在几十年间屡屡变化，从没有单独的疾病条目到涵盖五种疾病，再到覆盖范围极广的一种病。几十年间，它的定义扩大了；根据后来的标准诊断出患有孤独症的儿童，在早期定义下不会得到诊断。

突然间，我们有了一个简单的理由来解释为什么孤独症的诊断率升高得如此之多了："孤独症"一词的含义多次改变，范围扩大后覆盖了更多的人。此外，随着父母和医生对这种疾病的了解越来越多，以及人们找到了改善孤独症儿童生活的有效方法，更多的孩子接受了筛查，以判断他们是否符合诊断标准。

也许，与"孤独症"相关的心理特质在人群中的分布和发生率并没有变过；表面上看，孤独症的发病率增加了，这可能是由于医疗机构改变了测量方法，并且在寻找可能是孤独症的迹象时变得更加仔细。

记录统计数据的方式一旦改变，会极大地影响这些统计数据的呈现趋势。例如，在2002—2019年间，英格兰和威尔士警方记录的性侵案件增加了两倍，从约5万起增至约15万起。[11] 但那是因为，从以往来看，警察和法院一直不怎么认真对待性犯罪（令人震惊的是，婚内强奸直到1991年才被定为犯罪）。[12] 社会变革迫使警察更加尽责，现在这类犯罪更可能被他们记录下来。

如果想通过警方数据来比较2002年和2019年的性侵发生率，那我们就需要对2019年的数据做某种处理，看警方如果以2002年的方法、态度和标准来到2019年，会记录多少起犯罪。但那是不可能的。不过我们还可以看看其他信息。

"英格兰和威尔士犯罪调查"（CSEW）是一项面向国民的大型调查，它询问人们有多少次成为犯罪的受害者。CSEW旨在确定犯罪率的趋势，因此几十年来统计方法一直保持不变，所以不受警方改变记录习惯的影响。当然，它可能会受公众行为改变的影响，例如人们是否更愿意谈论和报告性犯罪——在以前，他们不是那么愿意，个中原因有很多。它记录的东西与警方记录的数据略有不同，但应该还是反映了类似的底层现实情况。

CSEW发现，实际发生的性侵案数量已从2004年的约80万起降至2018年的约70万起。[13] 记录和测量数据的方式发生了变化，就使呈现出的趋势看上去和实际趋势正好相反。（说到这里，有必要提一句，CSEW数据仅关注16—59岁人群受到的侵犯，而警方记录的数据包括儿童和老年人；我们认为这一区别不会从实质上改变结论，但这的确意味着两组数据背后的东西不完全一样。）

测量和记录方式经常会变，往往是出于合理的原因。新冠疫情暴发的最初几个月就发生了好几次这种改变。在很长一段时间内，美国大多数州只有在实验室确认检测呈阳性的情况下才将死亡定性为与新冠相关。后来，在2020年6月26日，有几个州同意将"可能"因新冠导致的死亡包括在内,即那些有症状但未进行检测以确认是否感染新冠的死亡病例,因为很明显,如果只看经检测确认的死亡人数,就漏掉了真实死亡病例的一大部分。因此,在6月26日那天,死亡率显著飙升,尽管底层现实情况并没有什么改变。[14]

所以,仇恨犯罪数据的变化是怎么回事?它和性侵的例子相似,新闻标题上的数字代表的是警方记录的犯罪。也和对性侵的处理一样,从以往来看,警方对仇恨犯罪的处理不尽如人意,无论是在种族、性别认同、残疾还是与性取向有关的方面,他们都没有以应有的态度认真对待。不过好在近年来这种情况已经开始改变。

而且,也像在性侵的例子中那样,我们无从得知如果警察沿用2013年的方法和态度记录数据会怎样。但我们可以再次利用CSEW的数据——你还记得吧,这是一项针对国民的大规模调查,让我们无须依赖警方记录方法就能看到不同类型犯罪的发生率。

同样,这些数字不能直接比较,因为CSEW数据所包含的内容与警方记录的内容并不完全相同;但它确实表明,实际趋势或许相反。CSEW发现,2017—2018年约有 18.4 万起仇恨犯罪事件，这比 2007 年的约 30 万起和 2013 年的约 22 万起仇恨犯罪事件有所下降。[15] 应该承认，《卫报》确实提到，这一明显上升"部分地是由于记录犯罪的方式有所改进"。

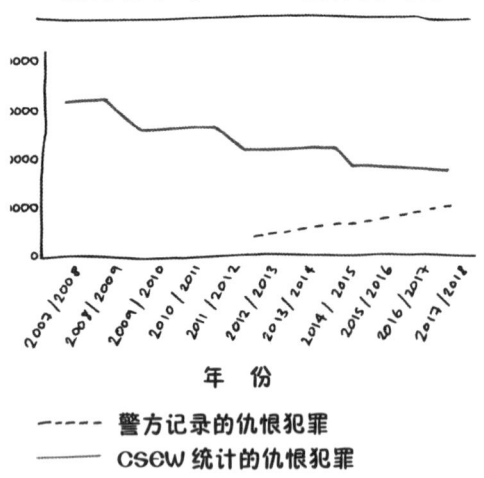

**仇恨犯罪案件数量：
警方记录与 CSEW 数据的对比**

年 份

----- 警方记录的仇恨犯罪
——— CSEW 统计的仇恨犯罪

这并不能令人安心：18.4 万这个数字仍然很大，这仍然很糟糕。CSEW 也确实在 2016 年公投和 2017 年的一系列恐怖袭击之后发现了一些证据，表明仇恨犯罪率出现了真正的飙升。但上述种种确实表明，记录和测量方式的改变可以完全颠覆报道中的结论，比如趋势从下降变为上升。如果媒体没有仔细澄清，你会以为现状在倒退。

13 排名

英国广播公司（BBC）网站 2019 年有一则新闻，题为《英国教育国际排名上升》。[1] 根据比较世界各地儿童教育表现的"国际学生评估项目"（PISA）排名，在一年时间内，英国在阅读能力方面从第 22 位升至第 14 位；在科学和数学方面的排名也有提升。这听起来挺好吧？

好吧，听起来大概还不错（至少对英国来说还不错，虽然一国排名上升意味着另一国排名下降）。但像这样粗略的排名会隐藏很多信息。他们所做的只是将一列数字从大到小顺序排列；他们会告诉你谁排在第一位、第二位和第三位（以及末位）。但如果你对排第几位并不关心，那排名本身不能告诉你多少信息。

例如，我们经常读到英国是"世界第五大经济体"。

或者至少我们曾经读到过。据国际货币基金组织（IMF），2019年，印度就超越了我们。[2] 在一些英国人看来，这是一种耻辱，他们将国族自豪感的很大一部分押在这个排名上。（这不是英国第一次被超越。过去几年，英国、法国和印度在IMF排名中都曾排到过这个位置；法国排第五的时候是2017年[3]，印度则是在2016年[4]。）

但从英国的角度看，排第五、第六还是第七有什么真正的区别？排名能告诉你关于英国经济的什么呢？

显然可以看出，在上次发布排名的那一年，英国的经济增长速度不如印度。但排名是否意味着英国的经济规模很大？你会认为，既然世界上有195个国家，排在第五应该是很大了，但是，是这样吗？

用足球打个比方：2018—2019赛季，曼城队排名第一，利物浦队排名第二。在2019—2020赛季，利物浦（在经历了三个月的新冠疫情强制休赛后，最终）排名第一，曼城第二。如果仅凭排名，你可能认为这两个赛季非常相似。但排名隐藏了一个重大差异：在2018—2019赛季，曼城领先利物浦1分；而在2019—2020赛季，利物浦领先曼城18分。

再看IMF的GDP排名，前七国分别是美国、中国、日本、德国、印度、英国和法国。[5]它们是像2018—2019赛季那样势均力敌，还是像2019—2020赛季那样，领先的国家一骑绝尘？

我们来看一下。

如下表，英国和法国几乎不相上下：英国经济规模仅比法国大1.3%。而且衡量一个国家的经济很复杂，所以这个数字可以说就在误差范围之内。印度的规模还要再大一点，比英国高出约7%，但几乎没有压倒性的优势。

但是继续往上看，你会发现，德国比英国大40%。

排 名

国家	排名 2019	GDP 百万 $US	占世界GDP份额
美国	1	21,439,453	24.57%
中国	2	14,140,163	16.20%
日本	3	5,154,475	5.91%
德国	4	3,863,344	4.43%
印度	5	2,935,570	3.36%
英国	6	2,743,586	3.14%
法国	7	2,707,074	3.10%

日本比英国大87%。而中国和美国甚至和这些国家都不在同一个竞技场上。中国的经济规模比英国大380%，是英国的近5倍；而美国的经济规模比英国大630%，是英国的7倍还多。争论哪个国家排在第五，就像在争论埃弗顿、阿森纳和狼队哪个足球队能在欧洲联赛中获得一席之地。

我们还可以就事论事地回答英国经济规模是否很大这个问题。从世界GDP占比来看，美国经济确实体量巨大：全世界每4美元中就有近1美元流经美国人之手。每6美元中有1美元流经中国人之手。而英国占全球经济的比重略高于3%。作为对比：由理查德·布兰森爵士（Sir Richard Branson）于20世纪90年代初推出的"维珍可乐"成功打入英国的可乐味软饮市场，占据了约3%的市场份额，试图与可口可乐和百事可乐竞争，但几年后，这种瓶身形似帕梅拉·安德森[*]的饮料就停产了。[6] 维珍可乐很可能是英国第三大可乐饮料，但其规模仍然不大；

---

[*] Pamela Anderson，加拿大女演员、模特。——译注

维珍可乐

英国可能是世界第五大经济体,但这说明不了多少问题。

不过,我们仍然遗漏了很多信息。假设明天有人公布了一些发明,比方说拿两个柠檬和一个空芬达罐实现冷聚变能源发电。一夜之间,世界上每个经济体都增长了10倍。

我们再看表格,英国仍然排在第六位,仅次于印度。但英国会在GDP数字的末尾多一个零。

诚然,相对富有很重要,而且有证据表明,人感到幸福,至少一部分取决于他相对于别人有多富裕,而非他在绝对意义上的富裕程度。[7]但我们的芬达罐冷聚变发明将彻底改变世界:它将使数亿人摆脱贫困。但就我们的排名而言,没有任何变化。法国仍然躺在第七位,真是一帮热衷于罢工的废物懒汉。

(同样值得注意的是,一旦考虑国家总人口,你的国家有多大规模的GDP对你来说就不重要了。列支敦士登的GDP一直很小,因为那里人口不多,但其中大部分人都很富裕;与此同时,印度尼西亚的GDP相当大,因为它人口众多,但很多人都非常穷。人均GDP大概更有意义:在这个项目的IMF排名中,英国更是显著靠后,排在第21位。[8])

这并不是说排名全无价值。排名可以告诉你一些你相对于同侪的表现，无论这个"你"是一名销售人员、莱斯特郡的一所学校还是一个中等规模的西欧国家。例如，排名也许能帮我们了解英国在新冠病毒核酸检测方面是否落后于德国；或者与其他国家相比，我们在艺术或国防方面的支出处于什么水平。但即便如此，只有当我们同时被告知排名所基于的数据时，它才有意义。如果德国每10万人进行500次检测，而我们进行499次，我们可能不在乎是否落后于德国；如果他们是500而我们只有50，那么也许是哪里出了问题。

但如今我们喜欢量化一切——大学排名、中小学排名、医院排名，甚至咖喱餐厅排名、土耳其烤肉奖项。

此外还有一个问题：很多排名都是基于收集来的主观意见。例如，世界大学排名的得分在很大程度上取决于"学术声誉"，一所大学40%的得分取决于此。[9]调查问卷让学者们回答，他们觉得200所不同大学的教学和研究水平如何。由于这些学者大部分可能永远不会到这200所大学里的大部分学校听讲座，因此很多是猜测；正因如此，排名很不稳定。例如，大卫就读过的曼彻斯特大学在世界大学排名中位居第27位，但在《卫报》发布的英国大学排名中排第40位。[10]这显然很荒谬：如果比它更好的大学在英国就有39所，那么在全世界范围内不可能只有26所，因为英国属于世界范围内。汤姆攻读研究生学位的伦敦国王学院也很奇怪：在英国排名第63位，但在世界上排名第31位。

出现这些违反直觉的结果，是因为纳入哪些因素以及赋予它们多少权重的决定不同：如果注重"学生满意度"多过"学术声誉"，就会得到不同的结果。武断地决定要将哪些因素纳入考量，会极大地改变结果。不是说这样做一定是错的，但排名不应被视为某种神圣的真理。

回到PISA排名。它基于什么因素而定？这样的排名用处大吗？

首先要承认，它不像大学排名那么主观。排名分数基于标准化考试，参加考试的是所有参与国的一些15岁儿童；考试题涵盖数学、科学和阅读能力。这些测试应该说也具备现实的有效性：在PISA测试中表现出色的孩子往往会接受更多的教育深造，并且比分数稍差的孩子更有可能在今后找到工作。[11]这意味着这个测试衡量的是真实的情况，所以排名并非全无意义。

但 PISA 排名是基于 PISA 分数的，而在像我们这样的富裕发达世界，多数国家和地区的 PISA 分数非常相似。比如在阅读能力方面：英国的平均分是 504 分，和日本一样，比澳大利亚高 1 分，比美国低 1 分。[12] 分数跨度从 555 分（中国四个省份）到 320 分不等（墨西哥和菲律宾）；20 个国家和地区挤在 493—524 分之间，几乎都是富裕、发达的国家和地区。即使是很小的、统计上微不足道的变化，也会导致英国下降几个名次。PISA 实际上让我们看到，英国的分数在统计上与瑞典（506 分）、新西兰、美国、日本、澳大利亚、中国台湾、丹麦、挪威、德国（498 分）没有太多不同。理论上讲，一个国家或地区可以在没有任何实际变化的情况下从第 20 位跃升至第 11 位。（英国在数学方面的排名从第 27 位升至第 18 位，似乎是"具有统计显著性"。）

同样，这并不意味着排名没有用。但这确实意味着排名本身用处不大：你需要知道用来产生排名的分数，以及这些分数是怎么来的。你会在意一分之差可以让你的球队胜出；但如果你的经济规模比印度小 1%，你可能根本无所谓。

14
它在文献中有代表性吗

嘿,好消息!"研究发现,每天喝一小杯红酒有助于避免糖尿病、阿尔茨海默病和心脏病等与衰老有关的健康问题。"[1]

但是等一下!"一杯红酒对心脏实在不利:科学家揭穿适度饮酒有益健康的迷思。"[2]

嗯……

嘿,还有更多好消息!"红酒富含抗氧化剂,每天一杯可降低男性患前列腺癌风险10%以上。"[3]

但是再等一下!"即使每天只喝一杯酒也会增加患癌风险:研究警示,酒精与至少七种形式的疾病有关。"[4]

一个爱喝红酒的人读《每日邮报》,情绪会像坐过山车一样跌宕起伏。这些标题都是基于过去五年的真实研究,《邮报》并没有在胡编乱造（也不是说只有《邮报》才容易出现这种情况）。那么到底是怎么回事？红酒会让我们长生不老，还是会害死我们？

回想一下，我们在第03章讲了样本量，在第05章讲了p值。如果你正在进行一项研究、一项民意调查或者任何一个要用抽样方法来了解的事情——比如有多少人可能投票给工党，某药物治疗某疾病的效果如何——你得到的答案不一定和事实完全一致。即使你有一组无偏差的样本，并且研究做得很规范，你得到的数字也可能只是由于概率的机制而随机地高于或低于真实情况。

这一点带来的影响显而易见。假设吃炸鱼柳可以稍微降低打鼾的风险（当然不太可能,但我们先假设一下）。

假设我们说，现在已经有很多不同的研究讨论炸鱼柳是否会影响打鼾。我们还假设，虽然有些研究规模很小，但做得都很规范，没有发表偏差（publication bias，见第15章）、p值操纵（第06章）或其他可疑的统计行为（虽说这么规范也实属罕见，但先不管这些）。

我们期待的是，这些研究的平均结果会表明，吃炸鱼柳的人打鼾稍微少一些。但任何个别研究最终都可能返回略有不同的结果。如果这些研究确实没有偏差，你会预期这些结果呈一种正态分布（你应该记得第03章讲过），集中在真实效应周围。有些结果更高，有些更低，其中大部分在中间附近。

所以，即使已经有很多关于炸鱼柳与打鼾相关的研究，其中一些研究的结果也不能代表现实情况。它们可能高估或低估了效应，甚至可能发现该效应并不存在，或者发现炸鱼柳导致打鼾。再次强调，这些研究或其发表过程不一定有任何问题。这些结果只是随机性的产物。

这时候该做的，是努力弄清楚所有这些研究趋向于什么结论，即平均结果是怎样。这就是为什么人们会在学术论文的开头做文献综述——将自己的研究结果放到科学文献整体的背景中去看。有时研究人员会做后设分析，这种学术论文会纵览现有的所有相关文献并尝试将结果汇总。如果现有研究足够多，如果在研究或发表过程中都不存在系统性偏差（我们说过，这两个如果有很大的不确定性），顺利的话，这样的汇总结果能让你清楚地了解真实的效应。

科学就是这样进步的，至少理论上如此。每当一项新研究发表，它就会被纳入现有的研究集合；如果顺利的话，一般而言，新数据的加入会使人们在科学理解上的共识更接近现实。

但是,假设这时候发表了一项新研究,它说的不是"这项研究让我们对底层现实情况的理解更进一步,也许还略微产生了改变"。相反,进行该研究的科学家立即摒弃了所有的既有研究,并说:"这项新研究证明过去所有的相关研究都是错的。现在认为,炸鱼柳会导致打鼾,把我们以前说的全忘了吧。"

每次记者就新的研究论文(如《开创性新研究揭示炸鱼柳导致打鼾》)撰写新闻报道时,发生的都是这种事:没有将其放在现有研究的背景下考虑。

平心而论,这是一个很难解决的问题。报纸报道的是新闻;在科学领域,最明显的"新闻"就是新研究的发表。如果新闻标题是《新研究没有多少新信息,且只能在既有研究的背景下看待》,这可不怎么抢眼。此外,科学论文需要被视为全部相关研究这一整体的一部分,而不是独立存在的,而大多数记者和大多数读者一样,可能都没有意识到这一点,他们会产生,"哦,这周我看到喝红酒有好处",诸如此类的想法。不仅如此,许多媒体日益拮据的财务状况也意味着科学记者通常每天要写五篇以上的报道;他们除了记述新闻通稿外,很可能根本没时间做别的，遑论为结合背景信息来解读新研究而联络其他科学家了。

但这终归是个问题，因为无论是就存在风险的特定情形，还是就科学进程本身而言，它都会给读者一种误导性的印象。假设新研究频频出现，结果炸鱼柳和打鼾的关联一周一变，那读者就有理由认为科学基本上是在随意编造。

我们对炸鱼柳和打鼾的拙劣思想实验只是一个例子，但这样的情况一直在发生，涉及真实的事物。我们继续给《每日邮报》挑错，在他们的网站上以"新研究称"为关键字进行谷歌搜索，返回了超过 5000 条结果，涉及的主题从肥胖对脑功能的影响，到社交媒体和压力的关系，再到咖啡是否让人更长寿。这些研究是真的吗？是真的。每项研究都准确勾勒出当前对科学的最佳理解吗？可能没有。

问题还会更严峻。一项发现孤独症患者脑内铝含量高的研究[5]在 2017 年引起了一些媒体的关注[6]。更广泛的孤独症研究在努力寻找与孤独症相关的强环境效应；这项研究在其中不具代表性，但它加剧了人们对接种疫苗的更广泛恐慌（因为有些疫苗含铝）。

接着说疫苗恐慌和孤独症的关系。这一问题的肇始是安德鲁·韦克菲尔德（Andrew Wakefield）等人于1998年发表在《柳叶刀》期刊上的研究，他们似乎发现麻腮风疫苗与孤独症之间存在关联——但该研究本身是一个离群点。[7] 一个单一的小型研究发现了一个意想不到的结果——成熟的科学报道方法不会对它抱有太大兴趣，哪怕该研究没有作假。[8] 然而，由于新闻行业广泛倾向于将单一研究看作事实，而非更大图景中的一个瞬象，于是导致了巨大的健康恐慌，全球疫苗接种水平下降，少数儿童因麻疹致死或致残。[9] 有时，仅仅是有时，精准地传达一项单一研究的重要程度（通常：不高）真的很重要。

那么关于红酒和健康，有什么共识？好吧，尽管新闻标题千差万别，但多年来，公共卫生立场没有太大变化。少量饮酒（粗略地说是指每周最多喝4升啤酒或等量酒精的其他酒类）的人往往比完全不喝酒的人寿命稍长；但是当饮酒量超过这个数值时，预期寿命又会下降。这一结果在大型研究中一遍[10]一遍[11]又一遍[12]地出现。它被描述为一条 J 形曲线：死亡率先下降，然后爬升，呈倾斜的 J 形或是耐克那个钩。

这是一个很小的效应,而且还不完全清楚是由什么导致的——例如,人可能出于健康原因而不饮酒,这或令他更有可能过早死亡。但共识似乎确实是,与滴酒不沾相比,少量饮酒可能有很小的保护作用。尚不清楚红酒是否尤其如此。

但由于效应很小,任何新的研究都很容易发现少量饮酒对你有害、有益或者毫无影响。新研究只有在相关背景下看才有意义。当你看到一些内容,尤其是关乎健康和生活方式并含有"新研究称"字样时,要谨慎对待。

15
追求新奇

BBC新闻在2015年发布了一篇文章,题为《钱会让你变刻薄吗?》[1],讨论的是对"金钱启动"(money priming)的研究,这个心理学领域研究的是金钱如何影响人的行为。这篇文章最引人注目的是,它谈到了一项研究发现:只是让一些人做与金钱有关的词句重组题以"启动"金钱的想法,就会降低他们帮助他人或向慈善机构捐款的可能。[2]

金钱启动是一个更广泛的领域"社会启动"的一个分支。对社会启动的研究,大约在21世纪的头10年才流行起来。它发现了惊人的结果,比如上面的讨论;或是在社会启动的情况下,用与年龄相关的词(如"宾果""皱纹""佛罗里达"——美国人显然将佛罗里达与退休联系起来）启动某人，会使他们在离开实验者办公室时走得更慢。

社会启动这事可不得了。伟大的心理学家丹尼尔·卡尼曼（Daniel Kahneman）因与阿莫斯·特沃斯基（Amos Tversky）的合作研究而获得了诺贝尔经济学奖，他还是引领我们理解认知偏差的先驱。他在2011年写道，在惊人的启动效应面前，"你不得不信服"。[3] 在自愿捐款箱的上方，比起张贴不带感情的花朵图片，贴一双眼睛的图片会导致人们放入更多的钱。[4] 让人们想象一个不光彩的行为，例如在同事背后捅刀子，会导致他们购买比平时更多的肥皂和消毒剂，似乎要用来洗刷灵魂，即"麦克白夫人效应"。[5]

但在BBC的那篇文章及其他文章（比如《大西洋月刊》2014年的一篇[6]）发表之际，对金钱启动的研究陷入了困境。人们试图再现早期研究者的结果，但不成功，或者发现效应要小得多，没那么厉害。这是怎么回事？

嗯，这涉及许多方面。有很多很好的书可以帮你了解"再现危机"——在科学的许多领域，特别是心理学，且尤其是社会启动领域，人们突然意识到，过去的大量研究经不起推敲。但我们在这一章要探讨的是科学对新奇的追求。

科研实践的核心存在一个巨大的问题。这并不是个别研究人员的错,尽管有些人确实钻了这个系统的空子。问题还存在于大众媒体的报道方式——不光是科学报道,所有报道均是如此——尽管这没那么令人惊讶。

这个问题就是:科学期刊想要发表有趣的科学成果。

这听起来似乎没什么毛病。你也许认为,发表有趣的结果正是科学期刊应该做的——毕竟,发表没有告诉我们任何新内容的无趣结果有什么意义?但事实上,这里有一个问题,一个巨大的问题,而这个问题正是许多错误的或有误导性的数字出现在新闻报道中(或许更重要的是,出现在科学文献中)的根本原因。

这种对新奇的追求有时非常明显。2011年,一项著名的研究震撼了心理学研究界:达里尔·贝姆(Daryl Bem)的《感知未来:表明有异常回溯性影响作用于认知和情感的实验证据》。[7]这个拗口的标题隐藏了一个看上去不得了的发现:人能够通灵,有灵视(clairvoyant)之能,能感觉到未来。

贝姆的研究使用了好几种经典的心理学实验方法,并将步骤颠倒过来。其中一个是启动实验,就像上面提到的社会启动。假设你想知道能否用潜意识中的（阈下）图像改变某人的行为：一张图片只显示几十毫秒，快到人的意识无法察觉。你可以给被试看两张相同的图，比如一棵树，一张在屏幕左边，一张在右边，然后让他们选择喜欢哪个；但就在这两张图出现前，会有一个令人不安或不快的图像在眼前出现一瞬间，也许是某种暴力的或令人厌恶的东西，要么在左边，要么在右边。再次强调，画面出现速度太快，难以觉察；但有一个假设是，你的无意识思维会探查到它——正是这个假设支撑着"阈下广告"，这个十几二十年前让大家都非常兴奋的观念。如果负面图像出现在左边，你可能不太会说你"更喜欢"左边的树；如果它出现在右边，你可能不会选择右边的树。这是一个常见的实验模型，属于"社会启动"这个热门细分领域的一部分。

贝姆的研究也正是如此，但有一个有趣的改动：它颠倒了顺序。它让启动图像在树木之类的图片之后出现。奇怪的是，与负面启动图像出现在同一位置的树仍然不太会为被试所选择。效应很小，但具有统计显著性。该研究一本正经地表明，这只可能是通灵能力的产物。

已经读到了这里，你当然会知道还有其他原因可以解释这个现象：纯属碰巧。有时，研究发现错误的结果只是因为数据有噪声；它们也可能得到真实的结果，也可能得到更大或更小的结果。

大多数读到这里的人应该会认为总人口的"真实"通灵能力水平为零。但是数据中的随机误差可能时不时地使一项研究返回的结果看似真实存在。

这就是为什么科学不会或说不该以单篇论文为思考依据，如我们在第 14 章所见。相反，科学关注的是，该研究在包含所有相关研究的集合里处在什么位置。要找到这种共识立场，你可以进行后设分析和文献综述，即将某个课题下的所有研究成果结合起来。如果 1 项研究发现通灵能力真实存在，而 99 项研究发现不存在，那么也许你应该把这一项离群值看作巧合，将其排除。

而要达到这种效果，让某个课题下的所有研究都发表出来就至关重要。但事实并非如此，因为科学期刊想要发表的是有趣的科学结果。在贝姆研究的例子中，该课题下的其他研究并未全部发表，原因显而易见：一组科学家（Stuart Ritchie, Richard Wiseman and Chris French）试图在一项新研究中再现贝姆研究中的一项发现，结果没有成功：他们的实验返回的是一个不具统计学意义的结果。这篇论文被发表贝姆论文的期刊《人格与社会心理学杂志》拒稿。[8]该期刊对已有研究的乏味重现不感兴趣。它想要新奇的结果。

这项研究后来在可开放获取的期刊《科学公共图书馆·综合》(*PLOS One*)找到了归宿。[9]但若它未获发表,想做后设分析的人就只能搜索到一篇论文,即贝姆的那一篇,然后就没别的了。期刊对新奇性的追求将导致科学看上去已经得出共识,即通灵能力真实存在。但其实,贝姆研究在心理学界引起了巨大的争议,因为研究人员意识到,该研究让他们必须在两个难以下咽的结论中接受一个:或是通灵能力真的存在,或是奠定心理科学的实验和统计方法可以产生毫无意义的荒唐结果。

(值得注意的是,贝姆后来确实做了一项后设分析,其中纳入了Ritchie等人的论文和其他几篇论文,结果显然还是通灵能力真的存在。[10]这项分析还检查了发表偏差等多个方面的因素。所以,要么通灵能力真的存在,要么就是奠定心理科学的实验和统计方法即使在后设分析中也可以产生毫无意义的荒唐结果。)

追求新奇导致了科学中的一个基本问题,就是"发表偏差"。如果有100项研究探索通灵能力是否真实存在,其中 8 项发现的确如此，92 项发现并非如此，那么这就是个相当可靠的迹象，说明通灵能力并不真实存在。但如果期刊为了寻求新奇而只发表那 8 篇发现积极结果的论文，那就会导致全世界相信人类可以预知未来。

这些通灵能力研究虽然可笑，但如果是医生为病人开药，而发表偏差导致人们对一种抗癌新药充满希望，但它实际上并没有效果，那就糟了。很不幸，这是真事。30 多年前，研究人员塞姆斯（R. J. Simes）指出，在已发表的癌症研究中，提前注册的研究（提前注册意味着即使没有发现任何效应，这些研究也不会被轻易埋没在档案里：更多细节见方框）和未注册的研究相比，返回积极结果的可能性要小得多，这表明许多未注册的研究未获发表。[11] 一个评议抗抑郁药有效性的研究小组发现，55 项研究中有 13 项根本没有被发表；一旦把这些研究的数据加回去，抗抑郁药的表观有效性下降了 1/4。[12]

你可以不用阅读或掌握这个框里的内容，但如果你想了解"漏斗图"（funnel plot）以及对发表偏差的检查，请继续。

有一种巧妙的方法叫"漏斗图",可以检查某个领域是否存在发表偏差。漏斗图是将一个课题的所有研究结果都标在一张图上,规模较小、统计功效较弱的研究位于图的底部,规模较大、统计功效较强的研究则位于顶部。如果没有发表偏差,那么这些研究的分布应大致呈三角形:规模较小、功效不太强的研究广泛分布在底部(因为规模较小的研究更容易得到随机误差);规模更大、功效更强的研究集中在顶部。它们应该聚集在同一个平均值附近,如下图所示:

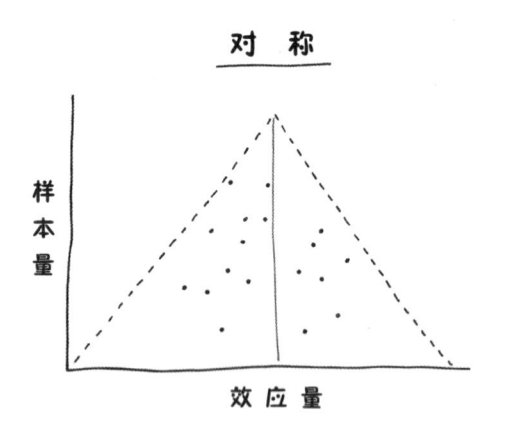

对 称

但是,如果某些已经开展的研究没有发表,你就看不到上图的情况了。没发现任何效应的研究会顿时消失，分布图不会呈现为一个端正的三角形，而是一个偏倚的形状，如下：

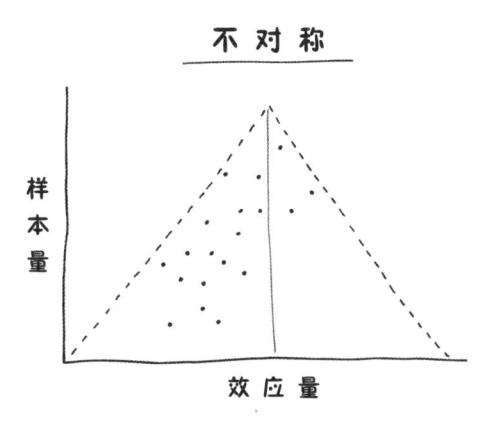

不 对 称

（样本量 / 效应量 散点图）

它就像"哔哔鸟"卡通片里的一面布满弹孔的墙，你会注意到墙上有一片"威利狼"形状的区域没有被子弹击中。这些空白本身就是在告诉你事情有些蹊跷。当然，有可能只是机枪碰巧没打中这片区域。也可能是一只倒霉的土狼站在那儿，它的身体挡住了子弹，也就没有打到墙。

同样，也可能只是出于偶然，大量规模较小、统计功效较弱的研究碰巧发现了高于平均水平的结果，而没有一项研究发现任何低于平均水平的结果。或者可能是不少研究确实发现了低于平均水平的结果，然后由于"发表偏差"的神力而从未发表，它们应该出现的地方就留下了一个可疑的空白。漏斗图呈现出这种形状也许有其他原因，但这提示我们可能存在发表偏差的问题。

这不是检测发表偏差的唯一方法。你也可以直接写信给研究者，询问他们是否可能有已开展而未发表的研究，然后看未发表的研究是否倾向于得出与已发表的研究不同的结果——往往确实如此。[13]

就制药公司而言，你可以说它是由赤裸裸的企业贪婪驱动的：如果他们的抗抑郁药研究发现这种药不起作用，那他们就无法通过卖这种药赚那么多钱。这可能是一方面的原因，不过一项研究发现，行业赞助的试验其实比其他试验更有可能在一年内报告结果（这是美国法律对临床试验的要求）。[14]

事实上，推动这个现象的主要原因是，大多数期刊根据研究所发现的结果来选择发表哪些研究。而你要研究某个课题（假设是在餐厅点菜前哼《马赛曲》能否让人更愿意点炸薯条）时，通常不会在刚有这个念头时就将给期刊投稿，而是会等结果出来后再投。

而对科学期刊来说，《哼〈马赛曲〉不会影响对食物的选择》是一个极其无趣的标题，所以大多数期刊都会将其退回。但假设哼歌真的不影响食物选择，如果有20个小组做了相同的研究，那么平均而言，其中一组就可能仅凭巧合而发现具有统计显著性（$p<0.05$）的结果（我们一如既往地假设研究是规范进行的）。而这个结果将进入科学文献，然后上新闻。

这就是本章开头提到的金钱启动研究中发生的情况：一项后设分析用漏斗图（见前文文字框）来确定是否存在发表偏差问题，发现确实存在。[15] 金钱启动效应也许真的存在，但似乎比它名声大噪时要小得多，因为许多得出了消极结果的研究仍躺在研究人员的文件柜中。

又因为科学家知道期刊通常不会发表消极结果，所以真实情况还要更糟。他们甚至因此不会投稿。或者，他们会做一些小调整，让结果看起来是积极的——也许以新的方式重新分析数据或删除一些离群值。科研事业是"不发表就淘汰"：你如果没有在科学期刊上发论文，事业就得不到推进，也无法获得终身教职。因此，科学家们在发表论文上受到极大的激励——本质上，他们被激励去做 p 值操纵。

如果你看大众新闻，情况就更糟了。即使这些研究真被学术期刊发表了，像《哼〈马赛曲〉不改变任何事情》这种无趣标题也不会被媒体报道。媒体对新奇的追求尤其强烈，毕竟叫"新闻"。报纸会刊登空难这种奇、刺激、罕见的报道，而不会报道飞机安全着陆，那很常见、无聊；因此，公共对话和科学文献一样，随处可见令人兴奋的危险事物充斥着扭曲的视野。两者的道理是一样的。

有一些了不起的做法能减少科学界的这个问题。带来最大希望的是"注册报告"（Registered Reports）：期刊基于研究项目的开展方法同意发表研究，而无论该研究结果如何，以此避免发表偏差。有一项研究比较了常规心理学研究和注册报告，发现 96% 的常规学研究得出了积极结果，但在注册报告中，这一比例只有 44%，这表明问题很严重。[16] 注册报告正在迅速流行，但愿能很快成为主流吧。

当然，要让主流新闻媒体报道没有任何发现的无趣研究，或者报道巴黎戴高乐机场成功降落的每次航班，大概不现实。但媒体可以开始大力宣传科学领域中的这个问题，但愿以此吸引到的注意力能使越来越多的期刊采用注册报告和其他明智的改革，因为这是一个根本性的问题，也是我们读到的数字不可尽信的一大原因。

16
采樱桃谬误

我们回到2006年。澳大利亚的地质学家鲍勃·卡特（Bob Carter）为英国《每日电讯报》撰写了一篇文章，题为《全球变暖确有一个问题：它已于1998年停止》。[1]在1998年后的8年左右里，出现了许多类似观点的文章，这篇就是其中之一。这些文章的主场是《每日电讯报》和《星期日邮报》[2]，许多都发表在两刊之上。

全球变暖止于1998年的说法导致人们花了很长时间讨论"全球变暖暂停（pause）/停滞（hiatus）"现象。如何解释气温趋势的明显减缓（或逆转——按某些提法）？

老实说，这是一个复杂的问题，因为气候是复杂的事物。一说起混沌理论，人们就想到巴西的一只蝴蝶扇动翅膀导致得克萨斯州发生龙卷风，这是有原因的。这种事情非常难以预测和理解。

但是,还真有一个简单的解释,那就是"因为你选择 1998 年作为起点"。

假设某天下午,你正在海滩上。海浪此起彼伏,拍打着海滩,时高时低。你堆了一个沙堡,正等着沙堡被海浪冲毁(这对年幼的孩子来说是一件好事,可以让他们知道时间的无情和一切人类努力的徒劳)。

然而,糊涂的你在离开度假小屋之前没有确认是要涨潮还是退潮,所以每隔一会儿你就要看看海浪有多高。

多数时候,海浪距离沙堡的墙会差一小段,有时差近 1 米,有时差 60 厘米,有时差 1.2 米。但是,假设在下午 3 点 50 分,一个稍大的海浪一路袭到沙堡跟前,溅湿了城墙的垛口。在那之后,海浪接连到来,但溅到的点都更低。如果将每 5 分钟的最高海浪高度记录下来,它就可能如右图所示:摇摆不定但明显呈上升趋势,还有一个异常的离群值。

但假设现在你想要大家回家,因为到了孩子的点心时间。你需要说服你的孩子,潮水不会涨了,等在这里看沙堡被冲毁是等不到的,所以我们不如都上车吧。你怎样才能做到呢?

采樱桃谬误

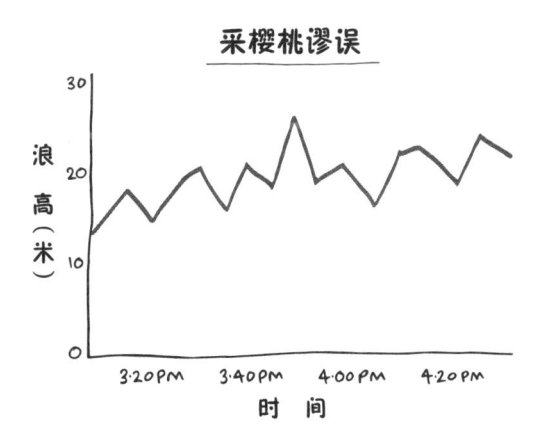

浪高（米）纵轴，时间横轴，标记 3:20PM、3:40PM、4:00PM、4:20PM。

很简单：你来选择数据序列的起点。你对孩子说："看，浪头在下午 3 点 50 分时涨到海滩上 26 米。但这以后的 50 分钟里都再没到过这么高：潮水自下午 3 点 50 分以来一直没有上涨。"

这在某种程度上也没错，因为潮汐后来再也没有达到那个峰值。但这会让人产生误解。假如你选的是别的什么时间作为衡量的起点，你会看到潮水稳步增高的趋势。也许那个大得出奇的海浪是由一艘行经的快艇或一只活蹦乱跳的鲸鱼引起的，于是才在数据中鹤立鸡群，但它并没有改变从低到高的整体趋势。

你不会对孩子做这样的事，除非你是个奇葩；但人们利用数据时总是这么干。《星期日泰晤士报》2019年的头版报道标题为《青少年自杀率8年内几乎翻一番》,这篇文章和我们假想的海滩上的那个爸爸如出一辙,只不过是反过来。[3] 它以2010年为起点,那一年是有记录以来英格兰和威尔士青少年自杀率最低的一年。[4] 从2010年开始计算的话,基本上之后任何一年都会呈现上升趋势(或者如果你选择2010年之前的任何一年,都会呈现下降趋势)。

刻意挑选数据序列的起点和终点属于"先有结果后做假设"(hypothesising after results are known,HARKing),意思是先获取数据,然后一通翻找,以发现令人兴奋的观点。在诸如上述气候变化或自杀率等有噪声的数据集中,你会发现自然变化,即数据没有什么特别的原因就会上下波动,就像海浪一样。如果有意为之,大可选择异常高或异常低的点作为数据序列的起点或终点,并以此来表明趋势正在上升或下降。但要想找到像潮汐这样的长期趋势,你需要更深入地观察,而不是仅仅关注最高点和最低点。

还有其他几种HARKing方法。你还可以选择看数据的哪些部分,或决定数据的筛选标准。例如,自杀率的报道针对的是青少年，具体说是 15—19 岁的青少年。其他年龄组都没有出现上升。由于青少年自杀的情况极为罕见（真是谢天谢地），因此数据中微小的随机变化就能导致百分比大幅波动。如果你再看 10—29 岁的年轻人总体，就没有这样的骤升。

气候变化的数据也是如此。全球地表气温很长一段时间都没有达到 1998 年的水平——但留在海洋表层 3 米内的热能与整个大气层中一样多。

这个问题不仅存在于气候学或媒体对自杀的报道中，它的影响还要更广泛。和追求新奇一样，HARKing 也是科学界的一大问题。牛津循证医学中心（OCEBM）发现，在全球声誉最高的医学期刊上发表的论文，经常会在注册临床试验后更改他们最初寻求的研究目标，且不会在论文中汇报这样的更改。[5] 这样一来，他们就能选择数据的起点和终点，甚至选择全然不同的成功标准。也许研究人员有充分的理由更改研究目标，但它也可以成为某种形式的 p 值操纵，我们在第 05 章中讨论过这个（并且你当然应该提及改变研究目标的事）。

这通常是一个很难解决的问题。数据序列肯定得从某个地方开始，并且通常会是任意一个地方。如果数值波动很大，选择一个低点还是高点有可能使你的数据呈现的故事产生巨大差异。例如，假设你是现任政府，非常想表明你已经改善了儿童贫困问题，你就可能想选择一个儿童贫困率特别高的开始年份，然后说："看，儿童贫困率下降了。"如果你是反对党，你就可能想选择贫困率特别低的年份，然后说："看，儿童贫困率上升了。"

纳入更大范围的数据看是否存在明显趋势，或者看它是否带有噪音且走向摇摆不定，这些都会有所帮助。但如果你故意筛选数据，找变动最剧烈的地方作为数据序列的起点和终点，那最后你讲的肯定是一个有误导性的故事。

顺带一提，报纸基本上不再提自1998年以来变暖停滞的事，因为2014年、2015年和2016年都比1998年更热，而且一年比一年热，连续三年都是"有记录以来最热的年份"，着实吓人。你如果有意为之，大可选择用离群值来讲有误导性的故事，但潮水该涨还是会涨。

17
预 测

每隔几个月,英国预算责任办公室(OBR)就会发布对英国经济表现的预测,当然了,媒体会报道这些预测。例如,《卫报》在 2019 年 3 月(准确地)报道称,OBR 预测当年的增长率为 1.2%。[1] 这是一个相对悲观的估计,但报道称,长期前景更为乐观。

当然,长期前景并没有更乐观:差不多刚好一年后,英国就因应对新冠而进入封锁状态,经济不到两个月就萎缩了 25%。要求 OBR 或《卫报》预测全球大流行病也许不太公平。但你常会看到这样的预测:本财年预计增长 1.2%,本季度失业率下降 2%,到 2100 年全球气温将上升 2.6 摄氏度。这些数字是如何得出的,该信吗?

让我们先把经济放一边,来看看北伦敦的天气。在我们写下这些文字的那天，BBC天气应用程序上的哈林盖区从下午2点开始显示一个落雨点的乌云符号。看到这个符号，你可能认为这意味着下午2点要下雨。

你如果真这么以为，那么很可能就错了。符号下面显示了一个百分比：23%。天气应用认为下午2点可能不会下雨，事实上它认为下雨的概率只有不到1/4，但仍然给出了"雨点"符号。（这发生在你读到这些文字的数月几年之前，在一个你可能并不居住的地方。如果你仍想知道彼时彼处的天气的话——天气程序对那天下午晚些时候的降雨预测更加确定。到晚7点，它认为降雨概率是51%。无论如何，那天下午2点仍是晴好的蓝天。）

天气预报不是通往未来的神秘窗口，也不是传授智慧的占卜师傅——它是对概率的最佳猜测，旨在帮你做出决策。你经常听说天气预报明显预测错误：天气预报给你一个大大的晴天符号，说下雨的可能性只有5%；你计划吃烧烤并邀请了所有朋友；你刚把炭点着，突然间乌云翻墨，白雨跳珠，每个人都湿透了，手里还拿着没烤熟的汉堡牛肉饼。

但天气预报说下雨的可能性是5%，而不是0。该程序每20次报告5%的降雨概率，你就该预期有一次下雨。

在得州扑克中获得"三条"（即三张牌为同一点数）的概率约为 5%；你如果玩过得州扑克，可能拿到过几次三条。如果我们现在玩一局，你不太可能拿到一手三条，但你如果经常玩，出现三条时就不会吃惊（或者你如果玩《龙与地下城》，就会知道在 20 面骰子上掷出 1 的频率）。

当天气程序说降水概率是 5%，而有 19 次左右没有下雨时，你很可能不会记得。但你会记得下雨的那次。

这让人很难谈论预测是否正确。程序告诉你降水概率只有 1%，如果你计划外出一天然后下了雨，按理说你可能会感到恼火；但天气预报员可以说："你看，我们说了有可能下雨。"那你怎么知道这个天气预报员行不行呢？毕竟，和拿到怎样一手扑克牌或《龙与地下城》掷出几点骰子一样，下不下雨在数学上是不确定的。

很简单：你看看他们的一堆预测，观察概率为 1% 的预测是否在 1% 的时间内出现，概率为 10% 的预测是否在 10% 的时间内出现，以此类推。如果他们做了 1000 次降水概率 5% 的预测，而其中约有 50 次下了雨，那他们就预测得挺好。如果下雨次数过多或过少，那他们就预测得不好。你可以用数字来衡量天气预报员的水准。

而天气预报还真是极其准确的，反正按照大多数对未来事件的预测标准来说是这样：例如，在 2016 年，根据英国气象局自己的博客，它在约 95% 时间里准确预测了次日的温度（误差 ±2 摄氏度），在 89% 的时间里准确预测了三天内的温度。[2]

你可以不用阅读或掌握这个框里的内容，但如果关于如何判断预测能力你想了解更多，请继续。

预测能力可以用布里尔分数（Brier score）来衡量。你的分数会反映你在预测方面的能力，方式如上所述：如果你预测某件事有 70% 的概率发生，而它在 70% 的时间里发生了，那就属于"校准良好"（well calibrated）。但如果这 70% 的预测只在 55% 的时间里发生，就说明你的预测过度自信。如果它们在 95% 的时间里都发生了，就说明你的预测不够自信。

但你在乎的不只是某人预测的是否校准良好。你还关心预测的明确性（specific）。比如说某件事发生的可能性为 95% 或是 5%，都比预测可能性为 55% 更有助于做决策。如果你正在决定是否下注、是否支持一项政策或要不要安排一次烧烤，那么作为预测者，一个校准良好且自信的人就比校准良好但表达模糊的人更有帮助。

如果你的预测明确又正确，布里尔分数会给予你加分，但也会因为你预测明确但错误而给你扣罚。该方法用"平方差"（squared error）来实现这一机制。

假设你预测明天下雨的可能性为75%。要计算布里尔分数，就将75除以100，得到一个介于0和1之间的数字——在本例中为0.75。然后再看是否下雨。如果下雨了，就计1分，没下雨则计0分。

误差值即实际的结果和你所预测的概率之间的差值。假设下雨了，那么结果值是1。你的预测是0.75，所以你用1减去0.75，然后对差值进行平方（这一步很重要，这样一来，自信且正确的预测和自信但错误的预测都会表现得更为显著）。它会给你一个介于0和1之间的分数，0分意味着预测完美，1分意味着预测完全错误——所以你的分数越低越好，就像高尔夫球那样。在这个例子中，你的分数是 $(1-0.75)^2 = 0.0625$。

但如果你预测错了，结果就会落在你的预测模型中0.25的那部分，相应等式就是 $(1-0.25)^2 = 0.5625$。

> 这个方法有时会更复杂一点：预测者往往要在多个选项间做出预测，而不仅是两个。这样一来，分数的计算方式就会稍复杂一些，答案则介于0和2之间。在预报温度时，情况又变得更加复杂，可能出现的结果有很多，而不是"下雨了"或"没下雨"。但基本方法是相同的。
>
> 布里尔分数是为天气预报研发的，但任何针对未来所做的清晰、可证伪的预测，都可以用它来评分。如果你认为，到明年这个时候，朝鲜有66%的可能性会有一位新领导人，或者匹兹堡钢人队有33%的可能性赢得2021年超级碗，那也可以衡量它们的布里尔分数，方法和天气预报的例子完全一样。

有时你不是在预测一些非此即彼的东西，比如是否会下雨，而是预测的事物会变动，比如明年博茨瓦纳可能出现的疟疾病例数，GDP数据（如我们之前提到的几个例子），或是明天北伦敦克劳奇恩德的气温。那么你想要的不是简单的是或不是，而是一个数字，比如经济将增长3%，或者将出现900例疟疾病例。

当然，它不会正好是 3% 或恰巧 900 例。你需要给出一个"不确定性区间"——重温一下，就像 p 值的置信区间一样，它指的是你的中心预测值周围的区域，你预计在一定百分比（通常为 95%）的时间里实际结果会落在这个区域。所以你可能会说，你预测克劳奇恩德明天 18 度，95% 的不确定区间在 13—23 度之间。预测者越有信心，不确定性区间就越窄；但如果他们非常不确定，这个区间就会非常宽。

天气很复杂，事实上，天气是复杂混沌系统的范例。但归根结底，它是物理学。有更好的算法和更强大的计算机的帮助，你能够更好地理解它。

天气不是我们试图预测的唯一事物。我们还试图预测人类的行为，例如经济增长，这是一个国家数百万数千万人乃至全球几十亿人的行为。事实上，这更复杂，部分原因是人类会对你的预测做出反应。如果你说明天会下雨，这不大可能影响明天下不下雨。但如果你预测股市会上涨，那可能会改变人们买不买股票的决定。

经济学家经常被告知人类太复杂而无法预测（本作者之一就听过了太多这个说法），因此不可能给人类建模。但事实并非如此；如果真的无法预测，那就意味着你对人类行为的猜测纯属碰运气,但显然不是这样。例如,我们可以高度自信地预测你没有一边倒立一边读这本书;你坐着的可能性要高得多。你可以对人类行为做出一些相当可靠的预测。经济预测,或基于民意调查的选举预测,比随机猜测要可靠得多。

预测是基于模型的。预测会给出估值,如经济将增长2%,或周末会有12毫米的降雨。模型就是你用来给出估值的,是对世界的一部分进行的模拟。

一想到模型,我们就会想到复杂的事物,例如数学和方程。它们通常很复杂,但也可以很简单。

假设你想计算接下来一小时内下雨的可能性有多大。我们建一个模型,就叫"望向窗外"模型吧。望向窗外之后,我们需要做的第一件事就是确定哪些信息按理说对我们会有帮助。

天空多云是一个明显的信息。如果天空湛蓝,万里无云,下雨的可能性就很小。如果完全是阴天,下雨的可能性就大得多。如果是半阴半晴,则可能性就在下与不下之间。

这是你的一个起点。现在你可以添加另一个信息,比如云的明暗度。我们可能还想加入更多因素,如地点、季节、气温、风速等。但我们就先从这两个变量开始。

"云量乘以云的明暗度等于降雨概率"——每次都这么写有点累,所以我们用符号简写。我们可以称云量为 C,降雨概率为 R,云的平均明暗度为希腊字母 β(只为让我们听上去有些科学的分量——这是我们的模型,我们爱怎么命名就怎么命名),方程如下:$\beta C = R$。

这个方程就是我们的模型。

我们望向窗外,看到的是阴天,但灰度非常浅——就是 100% 的云覆盖率,而明暗度对应的是灰度图上的 10%。这些是你的输入。你将它们代入模型:100% 乘以 10% 等于 10%,我们的模型得出降雨概率为 10%。这就是你获得的输出。

这个预测可能不太行,你还需要反馈:用模型做出预测后,你还要观察你的预测有多少次是正确的(下雨的频率是否如你所言),再用这些反馈更新模型。也许你会发现云的明暗度更重要,必须给予更多的权重;也许并非如此。但这就是模型。你可以建远为复杂的模型——英国气象局的气候模型包含超过一百万行代码,但原理是相同的:将数据输入模型,然后获得输出。

还有一个例子是传染病模型,它在新冠危机期间变得尤为重要。一个经典的例子就是SIR模型，它设想总体人口应分为三类：易感者（S）、感染者（I）和已康复的不再易感者（R）。这个模型基本上将人们视为随机互动的点；在假设了感染者将病传染给易感者的可能性大小，和这些易感者在感染后又需要多长时间具有传染性后，这个模型就可以预测该疾病在真实世界人口中的传播速度。这个模型可以设计得更为复杂，加入更多的参数，例如人们会聚集为多个小群体，或者各有不同程度的易感性；你还可以观察该疾病的实际人际传播速度，收集相关的实证数据，并将你的预测和实际结果相比较，以此引入真实世界的反馈。当然，你的模型毕竟不是真实世界，所以把它建得更复杂并不一定意味着它会更准确，因此需要看你的模型与实际情况的对比。

在某些情况下（如天气），通过实验和反馈，你可以获得相当强大、可靠的预测。但它们仍然都有不确定性。值得一提的是，在许多情况下，即使"预测"当下也很困难：大多数经济学家仍认为我们并未陷入经济衰退，即使最近已有三次经济衰退相继开始。[3] 经济等复杂事物是很难理解的。

那之前提到的财政预测呢？嗯，正如我们提过的，OBR在2019年3月确实预测了2020年的增长率约为1.2%，此后增长会略快一些。但该预测也包含了一个不确定性区间，即2020年增长率的95%不确定性区间在-0.8%—3.2%之间。

问题是，标题通常放不下"增长大体会介于相当严重的衰退和巨大的经济繁荣之间"这么多字，因此通常只报道位于中心的估值1.2%。

（在这个例子中，实际结果远远超出了95%的不确定区间——GDP出现了两位数的大幅下降。但这个预测可能没问题，因为毁灭性的流行病每20年出现不了一次，所以它本就不该在你95%的预测范围内。）

作为读者，你需要注意预测是如何得出的；也要知道它们不是对命运的神秘洞见，但也不是随机猜测。它们是统计模型的输出，可能或多或少准确；而那些非常精确的数字（如1.2%、5万人死亡等）是在一个较大的不确定范围内的中心估值。

更重要的是，媒体有责任报道这种不确定性，因为一种情况是告诉读者"今年经济将增长1.2%"，而另一种情况是告诉读者"经济可能会略有萎缩，也可能增长不少,或者可能是介于两者之间的各种情况,但我们最好的猜测是增长1.2%左右",这两种情况可能引发截然不同的反应。我们希望媒体开始像对待成年人那样对待读者和观众,成年人有能力应对不确定性。

18
模型中的假设

2020年3月下旬,《星期日邮报》刊登了一篇文章,作者是暴躁且颇具喜感的专栏作家彼得·希钦斯(Peter Hitchens)。他对各种预测新冠病毒在英国及全球的传播情况、预测死亡人数的模型嗤之以鼻。[1] 当时英国约有1000人确认死于新冠[2],而伦敦帝国理工学院在两周前发布了由尼尔·弗格森(Neil Ferguson)教授及其团队构建的模型得出的结果[3],该模型表明,若不加控制,死亡人数可能高达50万。在该模型发布的当天,即3月16日,政府将全国封锁。

然而,在希钦斯撰文之时,该估值已经有过变化。希钦斯写道:"他(弗格森)两次修改了他的可怕预言,第一次是不到2万,然后在周五又改成5700。"希钦斯说弗格森是"对最初的恐慌负有主要责任的人之一"。

真是这样吗？模型的输出真的改变了这么多？这是不是证明了整个模型毫无用处？

我们在上一章中讨论了建模及其工作原理。但这里值得再思考一下模型是如何输出数字结果的。像帝国理工学院这样的模型得出死亡人数 50 万这样的数字，而其他模型——如牛津大学 3 月 26 日发布的模型——得出的结论却截然不同，这是怎么回事？[4]（而且，如果希钦斯是对的，为什么没过多久帝国理工学院自己的模型又得出了完全不同的东西？）

原因归结为这些模型所做的假设（assumption）。为了弄懂这些假设，我们下面要谈谈英国脱欧。

在 2016 年 6 月公投前夕，流传着众多经济模型。大多数模型预测公投会对经济产生负面影响[5]；但特别显眼的是，其中一个模型预测经济会得到提振。该模型由帕特里克·明福德（Patrick Minford）领导的"支持英国脱欧的经济学家"（Economists for Brexit，EFB）建立，认为英国将"获得相当于 GDP 4% 的收益，且消费者价格下降 8%"。[6]

在撰写本章时，英国人离开欧盟才几个月；我们仍处于过渡期，因此仍要配合欧盟的法规和要求。截至目前，还没有办法确定谁说的对；这些模型着眼于英国脱欧的长期影响，只能在长远的未来评判。

即便如此，我们仍可以来评判一些做出短期预测的模型。英国财政部在公投前几周发布了自己的经济模型的研究结果，表示"投票离开欧盟将对我们的经济造成直接而深刻的冲击"，将"把我们的经济推入衰退"，使GDP缩减3.6%，并使50万人失业。[7]这并没有成为现实：衰退没有发生。

是什么地方出错了？让我们来看看影响GDP的几个部分。正如模型所示，投资和制造业确实下降了，这是受英国经济和贸易未来不确定性的驱使；但消费者支出保持了高位，使英国免于衰退。

建模者曾假设消费者支出会下降。他们是基于2008年金融危机做出的这种假设，当时消费者支出大幅下降，每人每周下降超过5英镑。[8]（背景说明：每人每周下降5镑是大事：千禧年以来，除2014—2015年每人每周下降60便士外，平均消费者支出每隔一年都会上升。）

这是因为建模者做了糟糕的假设吗？事后看，它显然是一个错误的假设；但现在说起来容易，在当时它也许是最合理的猜测。建模者所做的假设对于最终出现在报告中进而媒体上的内容至关重要。模型不过是把这些假设带至其逻辑上的结论：假设 A=B 且 B=C，模型就会告诉我们 A=C。

某种程度上，这是我们时时刻刻都在做的事——我们做决定时，就会做出各种隐含的假设。文字论证与数学论证一样，都依赖于假设。数学模型的优势在于其中许多假设都清楚明白："消费者支出将下降 1%—5%"这样的结论，没有多少误会的空间。

问题是这些假设是否现实，以及在多大程度上切合实际。但就其本身而言，不切实际的假设未必糟糕。在上一章中，我们建立了自己的模型，一个不太聪明的天气预报模型。在这个模型里，我们假设云层的灰暗程度和覆盖范围可以预测降雨。

这种假设通常基于经验证据，例如，财政部的预测是基于金融危机后行为的经验证据。在我们的云层灰度假设的例子中，我们会去引用表明阴天和下雨存在关联的论文，以此来建立证据。（不过我们就不费这个事了。）

但是，我们这个非常基础的模型缺少很多东西。例如，我们没有加入任何位置因素。因此，它默认假设所有地方都一样：世界只是一个由相同景观组成的平坦平原。我们知道这不是真的，现实并非如此。

也就是说，我们的模型中有一个不切实际的假设。这是否意味着我们的模型是垃圾？

嗯，不一定。添加位置数据或许能改善模型的预测，但代价是引入了更多复杂性：要收集更多数据，需要更多算力。这是否值得，取决于新信息提供了多少额外的准确性。如果你用的是我们这样的傻模型，这可能不是什么大问题，但当你使用一个更大、更复杂的模型，涉及几十个变量时，权衡准确性和简单性就变得非常实际。正如统计学家所说，"地图不是领土"*：你要从 A 地到 B 地，卫星导航不用告诉你一路上所有房门的颜色，但它必须告诉你路口在哪儿。

有时，你会乐意加入那些听上去奇怪且不切实际的假设：例如，许多传染病模型（但不是帝国理工那个）假设每个人都是随机相遇的。这显然不是人类互动的方

---

* 语出阿尔弗雷德·柯日布斯基（Alfred korzybski）："地图不等于它所显示的领土，但如果显示正确的话，它具有与领土相似的结构，这证明了它的用处。"（A map is not the territory it represents, but, if correct, it has a similar structure to the territory, which accounts for its usefulness.）——译注

式；你更有可能遇到和你住同一条街的人，而不是住在另一个城市的人。但模型如果纳入这些变量，会变得复杂很多，却可能收获不到多少额外的预测能力。例如，基础的降雨概率模型误差范围是10%，更复杂的模型可以将误差范围缩减至5%。这一点是否重要，取决于你需要怎样的准确度，以及为达到这样的准确度能承受多少复杂性和多高的算力。

问题不出在不切实际的假设本身，而是出在不切实际的假设对结论产生极大影响的时候。再看EFB模型，它与其他预测的差异那么大，一个原因就是它假设了一个叫"经济引力"概念。根据物理引力定律，两个物体相互作用的程度取决于两个因素：它们的大小和距离。地球的潮汐受月球的影响很大，月球很小但（在宇宙尺度上）离地球很近；潮汐受木星的影响要小得多，虽然木星很大，但距离相当远。

经济引力的原理相似。与别国的贸易受两个因素影响：这个国家有多大，离得多远。因此，英国与法国的贸易多于与中国的贸易，因为法国虽然是中等规模国家，但距离很近，而中国虽然很大，但离得太远了。[9]这是基于实证观察的[10]（伦敦政治经济学院[LSE]的经济学家在评论EFB模型时表示,经济引力是"国际经济学中最可靠的实证关系"[11]),并被大多数经济模型用作关键假设。

而EFB模型的假设是,距离遥远的国家之间和邻近的国家之间进行贸易的程度是一样的,两国贸易完全取决于国家大小及其所产商品物美价廉的程度。

至少在当前的全球经济中,这个假设是不切实际的。如前所述,这并不是说这个假设本身很糟糕。情况有可能是,当假设所有国家无论距离多远都有同样规模的贸易时,你会得到一些非常准确的预测,而加入距离因素会给模型增加复杂性,却带不来相应的帮助。

但这个假设是可以极大地改变模型输出的那种。那么,是否要将它纳入模型?理解相关的决定就非常重要。LSE的评论表示,使用包含经济引力方程的贸易模型会改变结果,从4%的经济提振变为"相当于英国人均收入下降2.3%"的经济打击,即使EFB模型的其他假设保持不变。

我们在这里不是要宣布谁对谁错——我们还需要数年时间才能略为确切地了解英国脱欧的影响。两派对立的性质意味着这些影响无论如何都会引起很大争议,不管你是否听说过引力方程。

回到帝国理工学院的模型，它到底怎么了，输出变动得如此明显？希钦斯批评得对吗？

简而言之，不太对。不是说帝国理工的模型无可非议，而是希钦斯的批评没有说到点上。他说弗格森修改了模型并且现在预测死亡人数为5700人，其实是搞混了：那是另一组科学家（来自帝国理工的电气工程系，而非流行病学专业）建的另一个模型。[12]该模型简单得多，只是将英国的数据代入中国的曲线：到希钦斯的文章发表时，参与建立该模型的一位科学家已经将他对死亡人数的估算增加到至少2万人。[13]

但是从50万下降到2万？这又是怎么回事？

其实是假设变了。该模型中的至少一个、很可能是多个假设都涉及人的行为，以及这些行为如何影响疾病的传播。在封锁前，假设是人们大体仍会外出走动，相互接触并传播病毒。封锁后，假设变成了人们的外出会少得多。他们将这个新假设纳入模型后，模型就给出了一个不同的数字。事实上，最初那篇3月16日的论文模拟了实施封锁等措施后的情况，并预测死亡人数会远低于不加干预的情况。

要记住：如果你读到"一个模型"在预测某事，无论是第二波感染、经济衰退、升温 3 度、保守党在下次选举中获胜，去稍微了解一下模型中有什么假设会非常有帮助。但通常新闻报道缺失了这种有用的细节。

19
得州神枪手谬误

在2017年英国大选之前,民调公司几乎一致认为工党将遭遇惨败。但在选举前十天,YouGov发布了一项"震惊级民意调查"(其实不是民调,而是一个民调模型),发现保守党将失去约20个席位,这意味着首相特雷莎·梅将失去她的多数席位。[1]

选举日当晚,结果揭晓:保守党失去了13个席位,YouGov的"分层后多层回归"(MRP)模型的表现轻松胜过其他模型(且最终结果没有超出他们的误差范围)。[2]

两年半后再次选举,其时梅已离任,鲍里斯·约翰逊任首相。这一次,每个人都将目光投向了YouGov的MRP,其最终模型在全国投票前几天公布,预测保守党将以28席的微弱优势获胜。[3] 一位备受尊敬的政治记者报道称:"新的YouGov民调意味着本次大选结果要到最后一刻才会见分晓。"[4]

你可能认为我们本该预测到一些情况——新冠大流行、金融危机、上次选举的结果——这样的想法很诱人。一旦发现有人确实预测到了某件事,你也很容易认为他们具有非凡的先见之明,我们当时应该听取他们的意见。但是这样吗?

2019年,加利福尼亚州的一个手机信号塔被移走了。这可能看起来不是什么大事,却成了全球新闻。[5]

这个信号塔位于加州里彭市的一所小学附近。在四名不到10岁的孩子被诊断出癌症后,信号塔被移走了。在这样的年龄患癌是罕见的。

但手机信号塔不致癌。(作为优秀的科学传播者,我们或许应该说:"没有充分证据表明手机信号塔会致癌。"但有人指出,"没有充分证据"在大多数人听起来很像在说:"你没证据,警察佬!"没有流行病学证据表明手机和癌症之间存在联系,也没有充分的理论依据让我们如此推测,因此我们可以说手机信号塔不致癌。)

那么这种扎堆出现的癌症诊断是怎么回事?

可能有其原因（也有人提出是地下水污染的关系），但也有可能没有任何原因。[6] 在美国，每年约有 1.1 万名 15 岁以下的儿童被诊断患有癌症。[7] 里彭市的病例发生在 2016—2018 年间，所以估计在那期间美国约有 3.3 万个儿童病例。而美国有 8.9 万所小学。一个简单的泊松计算（详见文字框）表明，在任何为期三年的时段里，这些学校中约有 50 所预期会出现至少 4 例病例。

你可以不用阅读或掌握这个框的内容，但如果你想了解泊松分布公式的原理，请继续。

我们知道美国每所中小学的癌症病例数不会都等于平均数。实际病例数会以平均数为中心，伴随一些随机变化——某些地方更高，某些地方更低。这种变化看起来有点像我们在第 03 章讲的正态分布。但如果我们要计算的是在特定时段内看到特定结果的概率，那就需要用到一个不太一样的分布：泊松分布。

1837 年，法国数学家西莫恩·德尼·泊松（Siméon Denis Poisson）发表了论文《关于刑事案件和民事案件审判概率的研究》。[8] 他研究的是，在法国的法庭上，在给定一些变量，如陪审团人数、任何人做出误判的概率和嫌疑人有罪的先验概率后，预期会出现多少错误定罪的审判。

为得出答案，他要计算：假设某事件在一年内（或一小时内，或任何给定时段）平均会发生 X 次，那么它在一年内发生 Y 次的可能性有多大。在图表上，泊松分布看起来就如下图（曲线是连缀各点而成）。

平均值越低，曲线越高，顶点会偏左；平均值越高，曲线越扁平，顶点相对靠右。Y 轴表示概率，最大值为 1，

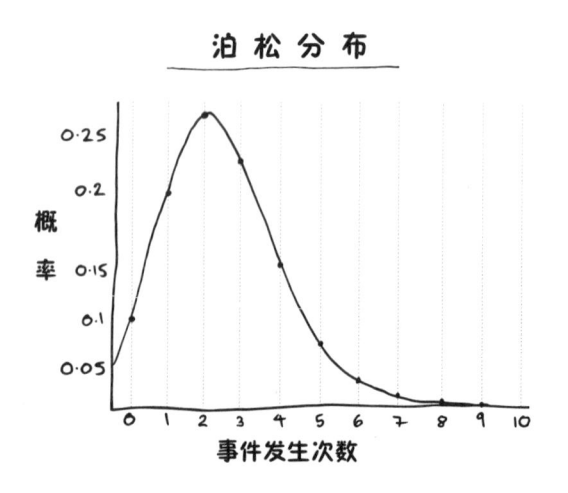

泊 松 分 布

X轴表示事件发生的次数。沿着X轴看，你就能找到你要的事件发生次数，然后找到相应的概率。

比方说，你已知某个学区每年平均出现15例癌症病例，那今年出现20例的概率有多大？代入这些数字（或者像我们一样使用方便的线上泊松分布计算器）可以得到4%，或0.04。

但这是不多不少出现20个病例的概率。出现21或22例同样会让你吃惊。所以，你可能更想知道，在任一给定年份出现至少20例的概率。

这听起来可能要花很长时间算——你得算出20例的概率，然后算出21例的概率，然后22例的概率，依此类推，直至无穷大，最后将它们全部加总。好在我们有一条捷径。

我们可以利用"互斥"（mutual exclusivity）这个概念。它的意思是有些事件不可能同时发生，而只会出现其中一个。例如，如果你掷出6，那么你掷出的就不会是5或3。如果你知道肯定会出现其中一个结果，那么互斥事件的概率总和必为1。如果有1/6（0.167）的机会掷出6，则必有5/6（0.833）的机会掷不出6；或是掷出6或是没掷出6的概率就是6/6，即1。

> 因此，与其计算出现至少 20 例癌症病例的概率，不如计算它们不出现的概率，即出现 0 到 19 例的概率，然后用 1 减去它。在我们的例子中，就是要计算出现最多 19 例（19 例、18 例、17 例等）的概率。我们将其写为 P(X≤19)=0.875。而 1 − P(X≤19)=P(X≥20) ≈ 0.125，即 12.5%。

有一种统计错误叫"得克萨斯州神枪手谬误"。意思是，如果有人用机关枪朝谷仓门随意扫射，然后过去随便找一簇弹孔，在周围画个靶子，那么就可以让这些弹孔看上去像是正中目标。同样，如果你查看随机分布在一个国家（或全世界，既然这个报道成了全球新闻）的癌症病例，然后把随机扎堆的病例圈起来，你就可以让它看上去似有蹊跷，但实际上可能并没有。

不只在癌症病例集群上会发生这种谬误，人们对未来的预测也会。2008 年全球金融受到冲击，女王陛下提了一个我们都在问的问题：为什么我们没有预见到它的到来？（据一位 LSE 的经济学家报道，她的原话是："要是这些事如此重大，怎么人人都没注意到？"[9]）这是一个好问题，经济学家和历史学家已经争论了十多年。

但似乎有些人确实预见到了它的来临，温斯·凯博（Vince Cable）就是其中之一。2008年时，他担任自由民主党财政发言人。2003年，他就曾在议会表示，"维持英国经济增长的消费者支出依赖的是创纪录水平的个人债务"[10]，而这一局面随着制造业、出口和投资都举步维艰，将导致灾难性后果。一家报纸称他为"信贷紧缩的智者"，报纸还说："人们相传，如果凯博先生无法看透金融迷雾，那就没有人可以。"[11] 既然这是一本关于数字的书，我们就要指出，凯博的预测本质上是一个关于数字的预测：他预测一些数字（尤其是各大银行"贷方"栏中的数字）将非常迅速地下降。

他真的是智者吗？经济学家保罗·萨缪尔森很久以前讲过一个笑话，说股市"预测了过去5次经济衰退中的9次"。[12] 批评者认为，凯博正是这样做的。[13] 他在2003年就做了这个预测（似乎2006年又说了一次），但金融危机直到2008年才发生。他预测2017年会再次发生金融危机，但没有发生什么特别值得关注的事情。[14] 对我们来说更重要的是，数以千计的其他议员以及记者、学者等发表了各种声明，表示未来几年的经济会发生什么，不会发生什么；其中总会有一些人说中。你中彩票的概率很低，但总会有人中奖，而他们不需要任何特别的先见之明。

如我们在第17章所见，预测未来是很难的。预测经济就更难了：如果你的预测卓有成效，你很有可能成为亿万富翁。能够预测5次经济衰退中的9次，也就是说只错了4次，实际上会带来惊人的丰厚收益。

但是，如果你只是回看过去，挑出那些现在看来预测对了的人，你就很有可能陷入得州神枪手谬误：在随机分布的数据点中，你刚好圈起了符合结果的那些点。

这么做的不仅仅是记者。1993年，一项在瑞典进行的研究[15]发现高压线和儿童癌症之间似乎存在关联，引起了极大的关注[16]，甚至让瑞典国家产业和技术发展局*相信高压线的电磁辐射会导致儿童患白血病。但统计学家指出，该研究考察了800种不同的健康状况，其中一种出现病例随机聚集成簇的可能性非常高。[17]（就像手机一样，现在也没有充分的理由认为高压线会致癌。）

得州神枪手谬误甚至会把人送进监狱。荷兰护士露

---

* 该机构（Närings- och teknikutvecklingsverkets，NUTEK）于2009年解散，并入"国家经济与区域发展局"。

西娅·德伯克（Lucia de Berk）因谋杀罪入狱六年，因为在三年时间里有7人在她值班期间死亡。没有法医证据证明任何一例死亡属于谋杀，遑论被她谋杀；但死亡扎堆出现非常可疑，足以给她定罪。统计学家理查德·吉尔（Richard Gill）指出，这是得州神枪手谬误的典型案例：有时一些人死在病房，而正好都是同一位护士在场。[18] 本·戈德克（Ben Goldacre）在他的《卫报》专栏中指出，在德伯克"杀人"的那三年里，她负责的一间病房有6人死亡；而在那之前的三年里，该病房有7人死亡。[19] 似乎在她犯下谋杀期间，自然死亡率同时骤降。随机性导致数据成簇，我们如果把这些簇圈起来，就相当于在弹孔周围画靶心，再让自己相信自己是神枪手。

还记得YouGov的MRP民意调查吗？它在2017年表现得非常出色。2019年，它预测保守党将以微弱优势获胜，每个人都在关注这一预测。

但最终，选举结果是压倒性的惊人胜利——保守党获得80个席位优势，工党在其北部票仓溃败。倒不是说YouGov的表现特别糟，但它也没有特别优于其他民调公司，许多公司预测保守党多数席位优势要比MRP模型预测的高。也许 2017 年的 MRP 模型真的有什么秘密武器，使其预测比别人更准；或者，很可能他们都给出了随机分布在平均值附近的答案，而 MRP 恰好是最接近的一个。只看单单一次结果是无法判断的。

如果 MRP 模型在接下来的几次选举中始终优于竞争对手，那我们就可以更有信心地认为它有优势。否则，就像第 05 章讨论的统计显著性问题一样，我们仍然不能推翻原假设——没有什么需要解释的。

20
幸存者偏差

怎样写出一本畅销书？似乎有一个公式[1]，或者用一个算法[2]，也可能是一个密码[3]。有一篇文章（关于公式）列举了J. K. 罗琳、E. L. 詹姆斯和艾莉克丝·玛伍德*的成功，并表示使用男女皆宜的笔名会使女作家通向成功之路。另一篇（关于算法）用文本挖掘软件找到了畅销书的2800个共同特征，如"句子更短、主视角推进的叙事和较少使用文绉绉的词汇"，带有"一种情绪节奏……情绪高潮之后是低谷，再是另一个高潮、另一个低谷"。似乎作者从事过新闻行业也有助于写出畅销书，这对我们来说是个福音。

---

* 三人依次是超级畅销书《哈利·波特》《五十度灰》《坏女孩》的作者。

如果你的算法仅靠一本书的文本就能够以 97% 的准确率预测它是否会畅销，你可能会想要尝试先用它帮你自己写几本畅销书，赚到盆满钵满，然后再告诉别人你是怎么做到的；但这个只是顺带一提。我们想问的问题是：这些关于如何写畅销书的自信说法有没有真实依据？还是说我们又掉进了另一个统计错误的坑？

剧透警告：这是一个统计错误。这个错误与上一章讲的得州神枪手错误非常相似，但有细微且关键的区别。要理解这个错误，我们来说说第二次世界大战的轰炸机，这个很有意思。

1944 年，美国海军耗费大量金钱、精力和生命轰炸日本飞机跑道。他们的轰炸机经常遭到敌方战斗机和地面火力的射击，许多轰炸机被摧毁。美军就想用装甲板加固飞机；但装甲板很重，若非必要，你不会把它加在飞机上，因为这会减慢飞机的速度，降低其机动性，减少它的航程和最大有效载荷。

因此，他们查看了返航飞机受损的部位，这很合理。他们注意到子弹和高射炮弹片的撞击主要出现在机翼和机身，而非发动机。他们决定应该用额外的装甲板来加强机翼和机身。

匈牙利统计学家沃德·亚伯拉罕（Wald Ábrahám）指出了这个问题。[4]美国海军观察到的是这些飞机的某个子集，即那些已经返回航母的飞机。被大量火力击中机身和机翼的飞机通常成功返回了基地。然而，被击中引擎的飞机绝大多数掉进了海里，没有被纳入统计。

美国海军没有意识到，他们的决策一直基于有偏差的样本——我们在第04章聊过这个。这里的这种样本偏差叫"幸存者偏差"。它指的是你在观察一类事物时，只观察了你知道的那些个体。

SBD无畏式俯冲轰炸机坠入太平洋，这样的例子极

幸存者偏差

不寻常，但许多幸存者偏差的例子就发生在我们身边。最明显的可能就是商界领袖写的"我的成功秘诀"类书籍。你知道那种书，就比如《超级富人的12个习惯：我是如何通过很早起床、只喝鳄梨思慕雪和每两周随机解雇10%的员工而赚了几百万的》，作者德丢·傅仁。

我们都想知道怎么赚个几百万，所以这些书常常畅销。但通常来说，它们只不过列出了幸存者偏差的例子。

经济学家加里·史密斯（Gary Smith）在他的《简单统计学》（*Standard Deviations*）一书中提到了两本书，两书总共分析了54家经营良好的公司，并找出了这些公司的共同特征——他们的企业文化、着装要求等。[5] 史密斯指出，在那两本书成书之前，这些公司确实都跑赢了市场，但在这两本书出版后的几年里，其中近一半公司的表现开始逊于股市，即低于平均水平。这两本书吹捧着这些公司的优秀企业文化，其实只是在观察那些着陆的飞机，注意到弹片击中的位置，却没有思考所有未能返航的飞机都怎么了。

还有其他更日常的例子。美国数学家乔丹·埃伦伯格（Jordan Ellenberg）就讲过一个"巴尔的摩股票经纪人寓言"。[6] 一天早上，你收到一封来自一家投资基金的信，上写："你应该在我们这投资，因为我们总是选中优质股票。但我们知道你不相信，所以免费送你一个投资提示：购买'爱谁谁公司'。"转天，"爱谁谁公司"的股票上涨。

第二天，他们又寄给你一封信："今天，你应该卖掉'那啥啥控股'。"翌日，"那啥啥控股"的股票下跌。

他们连续寄信10天，每次都说中了。第11天，他们说："现在相信我们了吗？想投资吗？"他们已经连续说中了10个，所以你想：太好了！我不会亏的！然后把孩子们的大学基金投了进去。

但他们所做的是发出10000封信，对5000人说"买入爱谁谁公司"，对5000人说"卖出爱谁谁"。如果"爱谁谁"的股票上涨，那么第二天他们就给收到买入提示的人发信，对2500人说"买入那啥啥控股"，对2500人说"卖出那啥啥"。

然后，如果"那啥啥"下跌，他们会再给相应的那2500人发信，以此类推。这样10轮之后，大概会有10个人连续10次获得准确的提示。然后，他们把所有的钱都投资在这个奇迹般的选股者身上——他当然会卷款跑路。电视魔术师达伦·布朗（Derren Brown）正是用这种方法选出了五匹获胜的赛马，然后说服一位年轻的母亲将毕生积蓄投在第六匹上。[7]

这些类型的欺诈可能不会发生——乔丹·埃伦伯格通过推特告诉我们,他没听说过任何真实的巴尔的摩股票经纪人案例——但这种事可能无意中发生。市场上有成千上万的投资基金。其中一些在一段时间内获得了难以置信的回报率,因此他们得到了关注和大量的投资。但那究竟是因为他们真的跑赢了市场,还是因为他们运气好,而你没有注意到所有其他悄然破产的共同基金?

想象一下,让1296个人戴上不同颜色的帽子,让他们掷骰子,则其中约有216人会掷出6;让这216人再掷一次,大概会有36人又掷出6;让这36人再掷一次,大概会有6个人又掷出6;再掷一次,大概会有1人掷出6。这个人连续四次掷出6,然后,你看着这个人的帽子说:"连掷四个6的秘诀是戴一顶橙黑条纹的帽子。"但回顾过去,寻找与成功有关的事情是很容易的;你需要的是找到预示未来成功的因素。没有理由认为戴橙黑条纹帽子的这个人会再次掷出6。

幸存者偏差是"基于因变量选择"问题的一个例子,后者是一个更广泛的问题。这听起来很复杂,但意思很简单：你如果仅仅研究发生了 X 的例子，就无法弄清 X 为什么会发生。在科学实验中，"自变量"是你要改变的东西（例如你给被试服药的剂量），"因变量"是你要测量并观察是否发生变化的东西（可能是患者的存活率）。

那么，假设你想知道喝水是否会导致关节炎（"患上关节炎"是你的因变量）。如果观察所有患关节炎的人，你很快就会发现他们都喝水。但是因为你没有观察所有没得关节炎的人，你不知道关节炎患者和我们其他人相比是否喝了更多的水。

这个问题好像明显得不值一提，但却无处不在。每当发生大规模枪击事件，媒体都会关注枪手[8]，并发现他们玩暴力电子游戏[9]。唐纳德·特朗普在 2019 年得州埃尔帕索和俄亥俄州代顿枪击事件后都说了这样的话。[10]

但这分明就是一个基于因变量选择的例子，就像水与关节炎的例子一样。我们要问的不是"大规模枪击案枪手玩暴力电子游戏吗"，而是"这些枪手玩暴力电子游戏的时间是否比其他所有人都多"。（然后你还必须问因果方向：他们是因为玩游戏变暴力，还是因为喜欢暴力而玩游戏？见第 08 章对因果性的讨论。）

由于绝大多数年轻男性都玩暴力电子游戏，而几乎所有大规模枪击案的枪手都是年轻男性，因此任何枪手都极有可能在过去玩过《使命召唤》或其他第一人称射击游戏。说一个大规模枪击案枪手玩暴力电子游戏，令人惊诧的程度比说他们吃面条、穿T恤高不了多少。考虑到这一点，至少有一项研究发现，玩暴力电子游戏与凶杀率下降有关，这可能正是因为那些本可能外出行凶的年轻男性待在家里玩《侠盗猎车手5》了。[11]

我们一直在说媒体，但受幸存者偏差和因变量选择问题影响最大的可能是新闻的上游。媒体经常报道科学研究，但显然只报道发表了的研究。问题是，成功发表的，以及上了新闻的那些科学研究，并不是从航母上起飞的唯一一批飞机；它们只是成功返航的那部分。

成功发表的科学研究通常都发现了有趣的结果，我们在第15章"追求新奇"中讨论了个中原因。

假设你正在测试一种抗抑郁药。它实际上不会起任何作用，但你还不知道。如果你进行10项研究，尤其是规模很小的研究，结果可能各有不同：其中5项可能没有发现效应；3项可能发现这种药让病情变得更糟；2项发现病情小有改善。实际上，这种药没有任何作用；但只是出于偶然，这些不同的研究得出了不同的结果。

但由于新颖有趣（且对制造商来说有利可图）的结果是"该药有效"，获得这样结果的研究更有可能发表在期刊上——你会记得在第 15 章读到过。因此，那 8 项发现没有效果或有负面效果的研究可能躺在某个科学家的文件柜里；其他人来综评证据时，可能发现，关于该抗抑郁药仅有 2 项研究发表，并称其有效。然后，医生可能会开这种完全无效的抗抑郁药，因为看起来它有科学证据的支持。

这样的事真的发生了，并导致了严重问题，真的有人因此而死。一项研究发现，已发表的抗抑郁药试验中，有 94% 发现了积极结果；但当他们找到未发表的文章并将它们纳入考虑后，这个数字降至了 51%。[12]

这种偏差还有另一层影响：如果你在主流媒体上读到一项科学研究，那就意味着它已经被认为有趣到足可登报。《新研究发现烤焦的吐司其实并不致癌》或者《研究表明脸书其实不会腐蚀儿童的脑》大概不太会上新闻。如果你在报纸上看到一篇科学报道，请记住它相当于已经执行了两次战斗任务并飞回了基地。这并不是说它不是真的，但它确实让你有理由保持警觉：你不知道在同一课题下有多少其他研究被击落。

那么,你能用算法预测畅销书吗?用男女通用的笔名有助于女性出书吗?嗯,我们不知道,因为我们不知道有多少使用男女通用笔名的女作家没有成功出书。而算法能否以97%的准确率预测一份手稿是否会成为畅销书?几乎肯定不能,除非它查看了所有未进入畅销书排行榜或根本未出版的书籍。你可以列出所有的大规模枪击案枪手,知道他们玩暴力电子游戏,但这并不能说明暴力电子游戏是否会导致枪击事件;同样,你会看到畅销书在措辞或剧情上有某些相似之处,但这并不能告诉你这些特征是否有助于这些书的销售。你只是在看已经返回基地的飞机,并指出它们机翼上的所有弹孔而已。

21
对撞偏差
丑演员演技更好?

新冠大流行初期出现了一种怪现象。人们注意到,与整体人群相比,因新冠住院的病例似乎吸烟率更低。[1]《每日邮报》是指出这一现象的报纸之一,它还提到法国医院甚至打算尝试为新冠患者提供尼古丁贴片。[2]

这可真,奇,怪。吸烟会对你造成惊人的危害。这也许是大多数人所做的最直接的危险事。吸烟很危险,是因为它会严重伤害人的呼吸系统,会导致肺癌、慢性阻塞性肺病、肺气肿,所有这些既不利于你呼吸,又会影响将氧气送至身体各处。由于新冠是一种呼吸系统疾病,你会预期吸烟会使人的生存机会更低,而非更高。

但无论多么奇怪、多么违反直觉,上述现象总是出现。这到底是怎么回事?

有一种时常出现的统计异常现象,叫"对撞偏差"。它会抛出一些奇怪的结果,让真实的关联貌似消失,或者凭空造出虚假的关联,甚至让事情看起来与现实相反。

我们在第 07 章谈了控制混杂变量。假设你正在研究人能跑多快。你注意到一件事:平均而言,一个人头发越白,跑步速度越慢。

有可能是白头发让你慢了下来;但更可能的是,这两个因素都与第三个因素有关——可能是年龄。或许是年纪越大,头发越白,同时也让人跑得越慢。

如果"控制"了一个人的年龄,你可能就会发现白头发和跑步速度的关联消失了。像这样的混杂因素会使你的结果产生偏差,若不控制这些因素,它就会使你的结果看起来过高(或过低)。这会造出虚假的关联,例如白头发导致人跑不快。

你可以把这些绘制在一幅"有向无环图"(DAG)上,显示出因果箭头的指向:"混杂因素"不但导致了你选择的"自变量"(白头发),还导致了你认为可能受自变量影响的"因变量"(跑步速度)。我们感兴趣的是白头发是否影响跑步速度,即下图中的黑色箭头。尽管二者是相关的,但实际上都受第三个因素"年龄"的影响,如白色箭头所示：

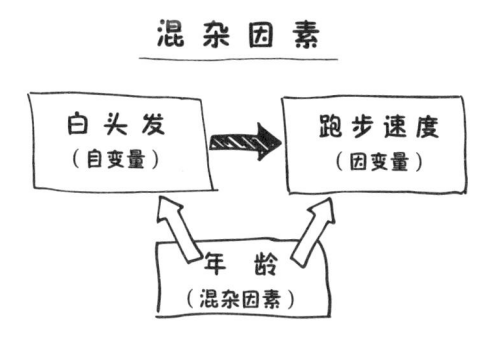

混杂因素

```
┌─────────┐         ┌─────────┐
│ 白头发  │ ━━━━▶   │ 跑步速度│
│(自变量) │         │(因变量) │
└─────────┘         └─────────┘
     ⬉       ┌─────┐      ⬈
             │ 年龄│
             │(混杂因素)│
             └─────┘
```

控制混杂变量很有必要，也是良好的统计做法。但这并不意味着你控制的变量越多越好，即便它们都是混杂因素：有时这样做会出错。有时会因为添加一个额外的变量使你分析的两件事看起来像是相互关联，而实际上它们并不相关。有一个这样的例子。假设表演天赋和颜值无关；如果你擅长表演，你不会比其他人颜值更高（或更低）。无法通过一个因素判断另一个因素。

但是现在想象一下，那些演技高超或颜值高、或两者兼有的人可以走上某条职业道路，比如成为好莱坞著名演员。如果你既丑且无才华，你可能不会成为著名演员，所以大多数著名演员要么演技高超，要么英俊美丽，或者两者兼而有之。

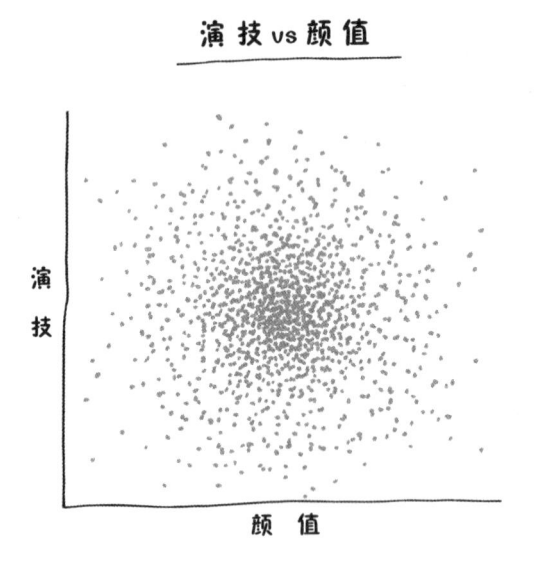

演技 vs 颜值

（散点图：横轴为颜值，纵轴为演技）

但现在如果看好莱坞演员，且只看好莱坞演员，你会注意到一件事：最好看的人往往比没那么好看的人更有才华，尽管在广大人群中，这两个特征没有关联。

这是因为，名演员是根据这两个特征来选择的。如果你非常好看，就不需要那么擅长演技，反之亦然。因此既不好看又没演技的演员会被立即从选择范围里删除，留下的人如下图所示：

演技 vs 颜值

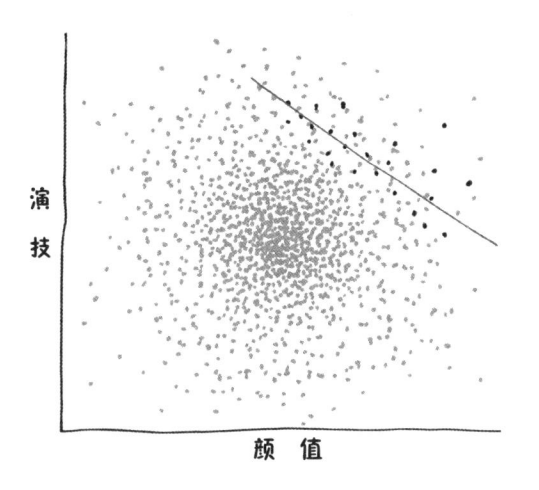

演技

颜值

美国的大学招生也有同样的现象。你可以凭借聪明或擅长运动进入大学。在一般人群中，这两个特征没有关联，或者关联很微弱。但你只需要其中一项就可以被录取，所以在美国大学生群体中，体育天赋与学习能力呈负相关（于是就有了"肌肉蠢男"这种刻板印象）。

我们举的这两个例子之所以如此，是因为数据都经过了选择——无论是只看好莱坞演员，还是只看美国大学生。但即使你看的是全部数据，然后"控制"这些变量，同样的现象仍会发生。比如，孩子发烧可能是遭遇了食物中毒，或者患上了流感（还有其他原因，但我们暂时只看这两样）。我们假设这两种病毫无关联：没有理由认为如果你遭遇其中一种，就更有可能得另一种。

但如果你要进行一项研究来分析食物中毒和流感间的关联，并且你控制了有没有发烧这个因素，就有可能看上去好像食物中毒的孩子不太可能患上流感，仿佛食物中毒竟能预防流感。

这和演员的例子很相似——要不长得好看，要不演技超群，但很少两者兼有——你如果发烧，可能是食物中毒或得了流感，但不太可能同时遭遇这两者。但在病痛的例子里，偏差不是由只看特定群体（如好莱坞演员）造成的。相反，这是由于研究人员为了减少偏差，以为自己在控制一个混杂变量，但实际上增加了一个对撞变量，结果意外地制造了偏差。

此类对撞因素与混杂因素正好相反：混杂因素能导致你正在分析的两个变量都产生变化，而你正在分析的两个变量则都能导致对撞因素产生变化。所以，控制混杂因素有助于减少偏差，而控制对撞因素（或基于它进行选择）则会引入偏差。（它叫"对撞因素"是因为两根因果箭头会"对撞"）。我们还可以借有向无环图来展示——记住，黑色箭头是我们要研究的关系，白色箭头显示从因到果的方向：

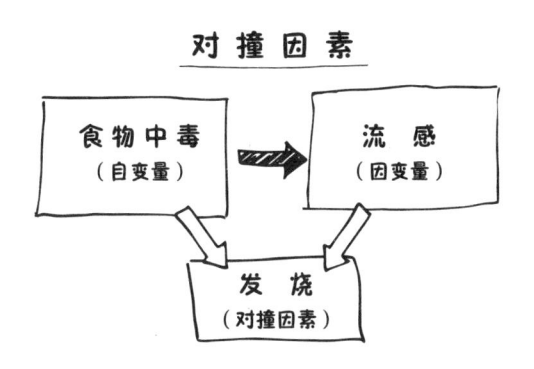

对撞因素

食物中毒（自变量） ➡ 流感（因变量）
⬇ ⬇
发烧（对撞因素）

1978年，对撞偏差的实例首次在医疗保健领域获得确证，此后数次出现。[3]

新冠和吸烟的例子会是这种情况吗？有可能。对撞偏差可能会以多种方式扭曲我们对新冠暴发的理解，2020年5月发布的一篇预发表论文就做了这样的分析。[4] 该文指出，虽然有大量观察数据进来，但被观察的患者并不总能代表广泛人群——他们被选出来，有着非常特殊的原因。

该文指出，在吸烟这个例子中，疫情暴发初期接受检测的人并不是随机的。他们通常是医护人员。而医护人员的吸烟率往往低于一般人群。

但另一类接受大量检测的人是症状严重的人。因此,"身为医护人员"和"患有新冠重症"都会导致人进行新冠检测,如果结果呈阳性,则会被送往医院。但是"身为医护人员"与不吸烟存在关联,因此在新冠测试呈阳性的人群中,很大一部分是不吸烟的医护人员。

还记得"长得好看或才华横溢的演员"的例子吗?情况几乎一样。只不过我们选择的不是"身为著名演员的人",而是"新冠检测呈阳性的人"。新冠检测得到阳性结果,意味着你需要:(1)有明显的新冠症状,或(2)身为医护人员(因此很可能不吸烟)。如果没有这两样,你就不会被检测,所以基于"做过检测"选择样本,可以使吸烟和感染新冠看起来(负)相关,即使并非如此。

那篇预发表论文表明,即使吸烟与新冠的严重程度根本没有联系,但如果对比较为可靠的广大人群吸烟率与接受检测人群的吸烟率,还是可能发现表面上的强相关性。在这个阶段,我们无法肯定地说,吸烟不能预防新冠,但由于它违反直觉,我们对待它要保持高度怀疑。

识别出对撞偏差很难。例如,人们观察到一种现象叫"肥胖悖论",即相比体重正常的人,肥胖人士死于糖尿病的概率更低。一些科学家认为这种现象背后就存在对撞偏差，另一些人认为并非如此。[5]这是一个仍在持续的重大争议。如果连科学家都难以确定哪些情况存在对撞偏差，哪些情况不存在，那么要求记者和读者去辨别就不太公平了。但值得注意的是，即使该研究已尽力控制其他因素，显现出的相关性还是可能以各种方式产生误导。有时，控制一些各因素甚至会使问题变得更糟。

22
古德哈特定律
指标的诅咒

2020年4月,英国正在竭尽全力尝试推行新冠检测制度。英国当时在处理新冠疫情方面表现不太理想。

很难确切地说为什么有些国家处理得好而有些国家处理得不好。也许将来我们会更清楚。但值得注意的是,许多早期成功遏制病毒传播的国家似乎都采取了有效的新冠检测机制。英国在这一点上落后了很久。

所以在4月初,政府卫生大臣马特·汉考克(Matt Hancock)承诺,英国每天将进行10万次检测,持续到该月月底。[1] 当时,英国的检测量约为每日1万次。[2]

此后,这事整个就变得有点古怪了。在议会投票或选举中,票数是否超过"不够"和"足够"的神奇分界线至关重要,因此,习惯了报道这些的政治记者开始"密切关注检测数量"。[3] 到 4 月 20 日左右，检测数量还远远不够。但后来出现了一个诡异的决定性时刻。汉考克在电视直播中称，他能够在 5 月 1 日那天"宣布"（此处应有鼓声）："昨天，也就是 4 月的最后一天，进行了 122347 次检测。"[4] 他还说："我知道这是一个大胆的目标，但我们需要一个大胆的目标，因为检测对于让英国重新振作起来非常重要。"

这样就皆大欢喜了吧？嘿嘿，并不是。事实证明，122347 这个醒目的数字隐藏着许多问题。

一方面，最初的目标是每天开展 10 万次检测。但在 4 月底，大臣们谈论的是拥有开展这么多次检测的"能力"，而且汉考克还发电子邮件给保守党的支持者，恳求他们去申请做检测。[5]

这已经够尴尬了。但更令人担忧的是，122347 中还包括近 4 万个刚被邮寄出去的检测试剂盒，而它们不一定会被使用。[6] 当月晚些时候，人们发现政府的检测数字还包括抗体检测，这种检测是用以确定某人是否已感染过新冠的。这一事实被 BBC 广播四台的《或多或少》（*More or Less*）节目毫不留情地记录并播出。抗体检测也很重要，但与核酸检测完全不同，后者用于判断某人当下是否患有新冠病并因此需要隔离。[7]此外，122347这个数字还包括一些人初次检测无效后在同一天重复做的检测。用于诊断的真实单人检测量要低得多：具体数字难以确定，但远远低于10万，这种状态一直持续到5月。最终，英国政府因在检测数量上的糊弄拼凑而两次受到自己统计监管机构的谴责。[8]

是哪里出了问题呢？进行了多少次检测这样的简单数字怎么会变得如此混乱和产生误导？

经济学中有一句老话："当一项措施成为指标时，它就不再是一项好措施。"这就是以英格兰银行前经济顾问查尔斯·古德哈特（Charles Goodhart）的名字命名的"古德哈特定律"。它可能听起来单调，但有深刻的意蕴。一旦知道了这个定律，你就会发现它无处不在。古德哈特定律指的是，要评估一件事做得怎么样，无论使用什么指标，人们都会钻空子去达成这些指标。

教育就是一个典型的例子。就比如，你会注意到，从某些学校出来的一些中学生，后来的人生发展比其他学校出来的学生更好：他们之中上大学的人更多，最后找到工作的人更多，人生通常也蓬勃绽放，成为全面发展的公民。仔细观察，你就会发现，优质中学的学生，在 GCSE*考试（或随便什么考试）中获得 A* 到 C 成绩的比例，高于其他学校的学生。

然后你想，太好了，我可以用这个指标来评估中学的表现。你开始根据成绩好的学生占比给学校评分，奖励好成绩学生占比高的学校，对占比低的学校采取特殊措施，或者解雇他们的校长等。

很快你就会注意到，许多中学开始有更高比例的学生拿到 A* 到 C。比想象中的还好！但你也注意到，从这些学校出来的孩子似乎并不是你所希望的全面发展的榜样公民，尽管他们有闪亮的成绩证书。

你也能猜到是怎么回事了。老师们迫于老板和教育当局的压力，要提高获得 A* 到 C 分数的学生比例。毫无疑问，多数老师会竭尽全力，但如果没有达成目标，他们就会面临晋升机会的减少。

因此，他们中的一些人会去找实现这一目标最为快速简单的方法。这个最快速简单的方法，不会是进行亚里士多德式的全面教育，确保思想和体魄的健康，鼓励

---

* 即"英国普通中等教育证书"，对应的考试略相当于中国的中考，成绩等级分为从 A* 到 E 六档。前文的 A-level，全称为 GCE（普通教育证书）A Level，成绩等级亦为此六等。

好奇心并激发个人的长处。最快速简单的方法，是给学生们几百份往年试卷，并告诉他们怎么应对考题。最快速简单的方法就是钻空子。

这是一个假设的例子，但类似的事确实发生了：正如教育研究者黛西·克里斯托杜卢（Daisy Christodoulou）在 2013 年指出的那样，当英国将 A* 到 C 的成绩作为指标时，教师们就开始钻空子，尤其明显的是，他们对处于 D/C 边缘的学生给予了不成比例的关注，这样做可以最大程度地提高占比。[9]

医疗保健方面也有这样的现象。在俄勒冈州，"院内死亡率"，即入院患者中后续死亡人数的占比，是医院护理质量评级所依据的因素之一。但在 2017 年，医生谴责医院管理人员因为一些重病患者较可能死亡而拒绝收治，以免使院内死亡率升高。[10] 2006 年，美国老年医保红蓝卡（Medicare）开始了"降低再入院率计划"（HRRP），记录有多少心力衰竭患者出院后 30 天内再次入院。2018 年的一项研究发现，这实际上提升了死亡率，似乎是因为医院将患者重新入院的日期推迟到第 31 天，以避免患者出现在他们的统计数据中。[11]

还有一个例子我们之前已经聊过，那就是学术界的

"不发表就淘汰"模式：一个科学家的价值取决于他发表了多少科学论文；而一个与之相关的惯例是，如果论文没有发现统计显著性（且没有得到积极结果），其被发表的可能性会大大降低。这导致科学家们拼命发表论文，即使是毫无价值的垃圾，并操弄统计数据以使其得出 $p<0.05$；如果结果没有推翻零假设，就将它们埋进故纸堆。一项研究发现，科学家们经常想尽办法满足指标（如发表论文的数量、单篇论文的引用次数等），这意味着这些指标用于衡量研究质量的作用越来越小。[12]

企业也有同样的问题。本书的作者之一汤姆尤其清楚，媒体公司会根据他们收到的页面浏览量或独立用户数来衡量用户参与度，最终产出的内容往往是为了最大限度地提高这些数值，即使以牺牲内容质量为代价。（令他记忆犹新的是，一位编辑曾坚持让首页上的链接再指向一遍首页，这样每个读者都必须点击两次才能看到报道本身，这样一来，页面浏览统计会被计算两次。无论你身在什么行业，你都可以想到类似的例子。）

问题在于，对于我们真正关心的事情，这些数字只是一个代用指标。在教育的例子中，我们关心的是学校培养全面发展的公民，为成年生活做好准备；我们不应该那么在意GCSE本身（尽管GCSE成绩决定谁能进入后续阶段的教育，但它依然只会使古德哈特效应更强）。我们不关心有多少患者在30天内再次入院，除非这个数字能让我们了解患者接受的护理质量。我们不关心科学家发表了多少论文或这些论文被多么广泛地引用，除非这些数字能体现相关科研的质量。

这不是在反对对事物进行衡量。你需要衡量事物来知道它们是否进展顺利：在一个拥有数千万人口的现代国家，政府不可能单独评估每一所中学和医院。任何大型现代企业也是如此。指标的存在是有原因的：例如，一家汽车公司可能会给销量最高的汽车销售人员发放奖金；通过激励这批人更加努力工作以实现目标，公司或可提高整体绩效。使用指标是有必要的。

但事情还有另一面。如果你的汽车销售人员开始相互竞争而非合作，在客户面前互相使绊子，你就会发现汽车总体销量的下降。负责人如果不走心，就可能忽视这样一个事实：你真正在意的并不是代用性的指标，而是它们背后的质量，这些质量通常复杂多面、难以定义，但总归是真实的。媒体人也可能忽视它，我们得到了关于"个人防护用品"产量的新闻通稿，却没有关心这里的每个"用品"是一个N95口罩还是单只橡胶手套。[13]

在某种程度上,有一些方法可以摆脱古德哈特定律:经常更改指标或使用多个指标来评估事物都可以减轻影响。但背后的现实总是更加复杂,任何测量都无法将其完全呈现。正如作家威尔·库尔特(Will Kurt)的一条推文所言:"寻求完美的汇总统计数据,就像试图用书封上的一段简介来取代阅读这本书的需要。"[14]

很明显,这就是10万次检测指标例子中的情况(这不是马后炮:汤姆在汉考克宣布之前就写过,这是"古德哈特定律的温床"[15])。本来的想法是设定一个目标,就像汽车销售的奖金那样,用以提高检测数量,这的确有着善良的本意。但后来,达到这个任意设置的具体目标却变得至关重要,所以突然间目标从所执行的检测数量变成了"检测能力",而且还把邮寄在途的检测和抗体检测也算了进去。

问题是我们真的不在乎是否精确地做了10万次检测;我们关心的是每个需要检测的人是否都能得到检测,以及检测机制是否足够快速和灵活,可以迅速通知人们他们感染了新冠并需要自我隔离。

英国对新冠的应对——包括检测——是否充分,以及谁该为应对方式不力负责，必定会成为未来几年的公共调查对象。但是，把我们在 2020 年 4 月 30 日究竟做了 99999 次还是 100001 次检测当作重点，实在荒谬。在读到（或报道）目标、指标和统计数据时，请记住，它们是我们在意的事物的代用指标，而非事物本身。

结论与统计写作指南

本书的作者之一汤姆已经做了多年的记者,在一系列不同的机构任职或为之提供服务,这真是一段令人沮丧的岁月。这些机构都有一种叫"内部写作格式"的东西,用来使行文保持一致。例如,汤姆的第一份工作是在《每日电讯报》,在那里,你要写"百分之59",而不是"59%"(我们这本书的编辑也坚持这一点)。在一篇文章中第一次提到某人名字时,我们会使用其全名("约翰·史密斯"),之后再提到他时会用一个敬称("史密斯先生")而不单是姓氏。在撰写有关疫情的文章时,你要写 Covid-19,而不是全大写的 COVID-19;提到美国航空航天局时,应拼作 Nasa,而不是 NASA。*

------

* 如果你对最后这条规则感兴趣:一般来说,英国报纸更偏向前者,

《每日电讯报》有自己的写作格式指南;该报的一位老专栏作家西蒙·赫弗(Simon Heffer)将这一指南写成了一本书。[1]其中包括如何指代人和地方;既然是《每日电讯报》,自然极其讲究如何正确称呼贵族、神职人员和军事成员。("对公爵、侯爵和伯爵的长子要使用其父的第二头衔[如有]作为礼节性称呼,如贝德福德公爵的儿子称塔维斯托克侯爵;而如果塔维斯托克勋爵有长子,可以对其使用公爵的第三头衔,即豪兰勋爵。"[2],*)

汤姆工作多年的另一家媒体BuzzFeed也有自己的写作格式指南,它不太关心是否正确区分了"蒙席"(monsignor,天主教高级神职人员)和"准男爵"(baronets)的用法,而是花费大量时间来裁定要不要在"butt-dial(电

美国报纸偏向后者。在英国媒体中,当你将缩写作为一个单词发音时,如Covid(新冠)读作ko-vid,而不是读每个字母,则使用标题大小写格式,即只将每个单词的首字母大写。但是如果要把字母一个个读出来,如BBC,那就要把它们全部大写。出于某种原因,这条规则一度让英国政党Ukip(英国独立党)的支持者非常不高兴。——原注

* 英国的公爵、侯爵、伯爵通常有不止一个头衔,级别从高到低排列,如初代贝德福德(领地名)公爵安德鲁·伊恩·亨利·罗素亦曾受封塔维斯托克侯爵、贝德福德伯爵、切尼斯的罗素男爵等;勋爵("老爷",Lord)不是爵位,而是尊称,可对侯伯子男等爵位使用,但不可对公爵使用,故塔维斯托克侯爵也可称勋爵。

话在口袋中误拨）""circle jerk（互相吹捧）""douchebag（人渣）"这样的词中使用连字符（答案如你所见），或者用缩写"J.Lo"指代珍妮弗·洛佩兹时，要不要加一个空格（不加）。[3] 其他机构也有自己的指南，并会将与他们的读者最相关的地方强调出来。

（曾发生过这样一件事，令人印象深刻。英国一份尤为热辣的小报《星期日体育报》的总编向所有员工发送了一封电子邮件抱怨一篇文章的标题："MAN LOSES B*LLOCKS BUT DOCS SAVE HIS BELL-END!"［男人丢了睾丸，但医生救了他的龟头！］。"看到这个页面时，我浑身难受，"他写道，"编辑团队的每一位成员都应该立即发现上面这个标题中两个明显的错误。Bollocks 不要加星号，即使在标题中也不要加，谁他妈会在 bellend 中加连字符？"接着，他列出了一系列"最常见失误"，让员工打印出来贴在自己的办公桌上："SHIT［狗屁］：文案和标题里完整拼写。WANK［瘪三］：文案里完整拼写，标题里用 w**k……"[4]）

而小型媒体，即使没有自己编写的格式指南，也有自己的内部格式：例如，许多美国出版物会使用《美联社写作格式手册》。

这些都很重要：认真参照内部格式有助于使文字清晰一致，让出版物感觉更专业。你怎么能相信任何一个在这一段写 bellend 而在下一段写 bell-end 的人呢？

但值得注意的是，这些格式指南很少讲如何呈现数字。它们会讲怎么写数字——报纸通常写出"一"到"九"的单词（书籍通常会写到"九十九"），更大的数字则用阿拉伯数字（134 或 5299）；接下来是"十亿""100 亿"。但它们没有讲如何谨慎负责地使用数字，如何确保数字本身公允而准确地讲故事。

本书刚好可以作为这样一种写作指南来读：一种专为良好地运用统计而写的"美联社格式手册"。我们希望媒体开始遵循它，或者（同样有效地）看到了这方面需要后自己着手撰写一本。事实上，这不仅是一本书，而是要开启一场在媒体行业倡导统计学素养和责任的运动。如果你是记者，我们希望你开始采用它；如果你不是记者，我们希望你能帮我们鼓励媒体机构遵守它或其他类似的指南。

此外，无论你是不是记者，以下技巧总会有几条非常有用，能在你独自阅读新闻报道时提醒你留心什么。

我们认为这很必要。不是说新闻里读到的东西都不能信；大多数记者都是好人，想写真实的报道。但根据汤姆的经验，他们绝大部分是文字工作者，而非数字工作者。"数据型记者"确实存在，但他们是专才。

大多数记者都毕业于人文学科而非理工科专业，至少从我们能找到的少量数据来看是这样。这不是批评——汤姆在大学学的是哲学；要获得做新闻所需的那种基本数字能力，也不需要读一个物理学学位。但如何呈现数字，很多记者也和读者一样，根本没有机会去思考这个问题。

你不可能从这么一本小书中学到所有关于如何避免统计错误的知识。我们聊过的许多错误都是深刻而系统性的。例如，如何避免古德哈特定律（测量手段变成目标），是各级政府和企业的一个巨大问题。科研对新奇的追求（遑论媒体），也不是我们可以轻易消除的。识别对撞偏差或辛普森悖论，即使对科学家来说也很难，因此如果记者搞错就责怪他们并不公平。

但我们在本书中讲过的许多错误都很好理解。你如果还没想过这些问题，也就无所谓去避免，但这些问题一旦被指出，几乎人人都能明白为什么它们有问题。

因此，话不多说，以下是我们最重要的一些建议，

是我们为对数字负责的记者提供的统计写作指南:

1. 将数字放在背景之中

问问自己:这个数字大吗?如果英国每年向北海倾倒 600 万吨污水,这听起来很糟。[5]但这算很多吗?分母是什么?你还需要哪些数字才能知道,这个数字比你的预期高还是低?在这个例子中,"北海含水 5.4 万亿吨"大概就是一条相关信息。更多此方面内容见第 09 章。

2. 给出绝对风险,而不只是相对风险

如果你告诉我吃烤糊的吐司会使我患疝气的风险增加 50%,这听起来令人担忧。但如果你不告诉我疝气有多常见,这就毫无意义。让读者知晓绝对风险。最好的表述方式是说出这件事预期会影响多少人。例如:"每 1 万人里有 2 人会在一生中患上疝气。如果经常吃烤糊的吐司,这一比例会增至万分之 3。"还要小心报道某事"增长得多快":例如,如果一个政党的规模从 1 个成员增加 1 倍到 2 个成员,它就很容易成为英国"增长最快"的政党。更多此方面内容见第 11 章。

3. 看你所报道的研究在相关文献中是否足具代表性

并非所有的科学论文都生而平等。当欧洲核子研究组织（CERN）发现希格斯玻色子，或激光干涉引力波天文台（LIGO）探测到引力波时，这些发现本身就值得报道。但如果你要报道一项新研究，它发现红酒对人有益，那就应该将其放在许多同类现有研究的背景中呈现，任何个别研究都只是整体图景的一部分。在你所报道的研究领域找一个未参与该项目的专家咨询，请他给你讲讲在这个话题下达成的共识会比较好。更多此方面内容见第 14 章。

4. 给出研究的样本量，并警惕小样本

有 1 万名被试的疫苗试验会较少受统计噪声或随机误差的影响。一项询问洗手能否减轻内疚感的心理学研究只有 15 名本科生参与，这样的研究就没那么稳健。不是说小型研究就不好，而是它们更有可能发现虚假的结果，所以报道它们的时候要小心；我们的建议或许武断，但如果研究的参与者少于 100 人，则有理由保持谨慎。这不是一成不变的规则，有些样本较小的研究可能非常稳健；但其他条件相同时，样本量越大越好。与此相关

的是，调查和民意测验通常不会有无偏差样本，要注意这一点。更多此方面内容见第 03 章。

5. 留意科学还在努力克服的问题，如 p 值操纵和发表偏差

不能指望记者成为每个领域的专家，也很难去责怪他们没看到科学家自己都经常忽视的科学问题。但是有一些警示信号。例如，一项研究是不是"预注册"的（"注册报告"更好）？如果不是，科学家就有可能在收集完数据后回过头去翻找能让他们发表论文的东西。或者，可能还有数百项未发表的研究躺在某位科学家的办公桌抽屉中。此外，如果研究结果出乎意料——例如考虑该领域的其他研究后，某项研究的结果出乎你的意料——那可能是因为它不是真的。科学有时出乎意料，但大多数时候不太会。更多这方面内容见第 05、15 章。

6. 不要只报道预测的数字，而要给出置信区间并提供解释

如果你报道预算责任办公室的模型表示明年经济将增长 2.4%，这听着既精确又科学。但它还有一个从 –1.1% 到 +5.9% 的 95% 不确定性区间，不提这一点，你给出的就是虚假的精确感。未来是不确定的，尽管我们有时希

望它不是。要为读者解释预测是如何做出的，以及它为何有不确定性。更多此方面内容见第 17、18 章。

7. 在明示或暗示某事导致另一件事时要谨慎

许多研究发现两件事之间存在相关性，例如喝汽水和暴力之间，或者吸电子烟和吸大麻之间。但是，两件事有相关性并不意味着一件事导致了另一件。其中可能还有其他因素。如果这项研究不是随机实验，那么要证明因果性就困难得多。如果研究不能证明存在因果性，就不要说"电子游戏导致暴力"或"YouTube 导致极端主义"。更多此方面内容见第 08 章。

8. 警惕采樱桃谬误和随机变化

如果你注意到某事项从 2010 年到 2018 年增长了 50%，请快速查看一下：如果把起点设为 2008 年或 2006 年，增长是否还如此剧烈？数字时不时上下变化，通过选择一个恰好较低的点，你可以使随机变化看起来像一个令人震惊的故事，对诸如杀人或自杀这样相对罕见的事情来说尤其如此。更多此方面内容见第 16 章。

9. 谨慎看待排名

英国是否从世界第五大经济体跌至第七位？一所大学在世界上排名第 48 位？这些都意味着什么？可能是一件大事，也可能无关紧要，取决于排名背后的一些数字。例如，假设丹麦每百万人配有 1000 台公共场所除颤器，居世界首位，而英国以 968 台位居世界第 17 位。这不是个多大的差异，尤其是与未在公共场所配除颤器的国家做比较时。在这种情况下，排名第 17 是否意味着英国卫生当局漠视公共紧急急救设施？大概不是的。在给出排名时，一定要解释它们依据的数字以及它们是如何得出的。更多此方面内容见第 13 章。

10. 始终提供数据来源

这一点是关键。将你获得数字的来源以链接形式加进文章，或把它放进脚注。注明原始出处：科学研究（期刊页码或 doi 号）、国家统计局公报还是 YouGov 民意调查。如果不这样做，人们自己去检查这些数字就困难多了。

11. 错了要认

这一点至关重要。如果你搞错了，也有人指出了错误，请别担心。这种事随时都在发生。只需说声谢谢，纠正错误，继续前进。

如果正在阅读本书的你是一名学者，有些事情你也可以帮忙。只靠你自己无法解决科学中（一如媒体中）的所有结构性问题，像是发表偏差、追求新奇等（但如果你一直重视使用预注册和注册报告，那太棒了）。但如果你的研究有新闻通稿，你可以确保该通稿准确描述了研究的内容。有一点至关重要，如果你的研究没有表明某些结论，那么最好说明白。例如，如果你的研究发现做填字游戏的人不太可能患阿尔茨海默病，但未显示出因果效应，那么就该在新闻通稿中表示："这并不意味着填字游戏可以保护你不得阿尔茨海默病。"令人欣慰的是，卡迪夫大学的一组科学家在 2019 年进行的一项研究发现，新闻通稿中的此类免责声明减少了媒体报道这些研究时的错误信息数量——但它们没有减少报道的数量。[6] 记者照样会撰写关于研究的文章，但不太会弄错研究带来的启示了。

当然，（我们希望）你们中的多数人不会去做记者或学者，而会成为双手老茧、劳作田间的普通农人，或者任何普通老百姓。如果你也参与进来，我们会非常高兴。

要做出这些改变，有点像改革投票制度。为了变更到一个新的投票制度，比如从"简单多数制"到"比例代表制"——英国议会使用前者，许多其他欧洲国家使用某种形式的后者——你需要先在旧制度下赢得一席之地。而一旦你的政党在旧制度下获胜，你就已经掌权，便失去了改变它的动力。

同样，许多学者和记者都知道数字的呈现方式存在问题，许多人公开承认这一点。而一旦他们拥有了权力地位，比如成为教授或资深记者，他们就已经在既有制度内站稳脚跟，便没有太多动机去改变。

但是，如果读者开始提出更高的要求——比如写信给报纸说："你们为什么没有给出绝对风险？"或"这个数字不是经过精心挑选的吗？"——那么动机就会发生改变。留意新闻报道，注意它们是否犯了我们讲的那些错误，然后礼貌地指出，这样，你就在一点一滴地帮助改进制度。总之，我们希望如此。

如果你赞同，来看看我们发起的运动：howtoreadnumbers.com。它会让每个人都更擅长统计学。

也许会吧。

致 谢

我们要感谢很多人帮我们完成本书,排名不分先后:

感谢经纪人 Will Francis 和编辑 Jenny Lord,感谢他们感兴趣本书的立意,并帮助我们把模糊的想法转变成在现实中卖得出去的读物。

感谢汤姆的妹妹、平面设计师 Sarah Chivers,她绘制了所有精美的插图。

感谢 Pete Etchells、Stuart Richie、Stian Westlake、Mike Story、Jack Baker、Holger Wiese 及一位以"跳出经济学"(Unlearning Economics)为名的人,感谢他们在想法和校对等方面的支持。

感谢大卫的父亲 Steven 在第 03 章中为我们提供了乔·威克斯难以搞懂概率的例子(Steven 在封锁期间完

成了"和乔一起上体育"的每一次直播)。还要感谢汤姆的父亲 Andy 进行校对。

感谢汤姆的孩子 Ada 和 Billy 没有太频繁地闯入房间分散他的注意力。

当然,还要感谢我们的妻子 Emma Chivers 和 Susanne Braun。

我们还要特别提到开放大学应用统计学荣休教授 Kevin McConway,他通读了整本书,指出了我们的许多错误,并非常清晰、幽默和耐心地纠正了它们。毫无疑问,尽管他做出了超人般的努力,但还是有一些错误遗留了下来,但这是我们的错,不是他的。我们要向他鞠躬致谢。万岁,Kevin 王。

注 释

01 数字也会误导人

1. Sam Blanchard, 'Care home "epidemic" means coronavirus is STILL infecting 20,000 people a day in Britain amid fears the virus's R rate may have gone back UP to 0.9', *Mail Online*, 2020 https://www.dailymail.co.uk/news/article-8297425/Coronavirus-infecting-20-000-people-day-Britain-warns-leading-expert.html
2. Nick McDermott, 'Coronavirus still infecting 20,000 people a day as spike in care home cases sends R rate up again to 0.9, experts warn', the *Sun*, 2020 https://www.thesun.co.uk/news/11575270/coronavirus-care-home-cases-spike/
3. Selvitella, A., 'The ubiquity of the Simpson's Paradox', *Journal of Statistical Distributions and Applications*, 4(2) (2017) https://doi.org/10.1186/s40488-017-0056-5
4. Simpson, Edward H., 'The interpretation of interaction in contingency tables', *Journal of the Royal Statistical Society*, Series B 13 (1951), pp. 238–41.
5. Persoskie, A. and Leyva, B., 'Blacks smoke less (and more) than whites: Simpson's Paradox in U.S. smoking rates, 2008 to 2012' *Journal of Health Care for the Poor and Underserved*, 26(3) (2015), pp. 951–6 doi:10.1353/hpu.2015.0085

02 轶事证据

1. Isabella Nikolic, 'Terminally-ill British mother, 40, who kept her lung cancer secret from her young daughter shocks medics after tumour shrinks by 75% following alternative treatment in Mexico', *Mail Online*, 2019 https://www.dailymail.co.uk/news/article-6842297/Terminally-ill-British-mother-40-shocks-medics-tumour-shrinks-75.html
2. Jasmine Kazlauskas, 'Terminally ill mum who hid cancer claims tumour shrunk 75% after "alternative care"', *Daily Mirror*, 2019 https://www.mirror.co.uk/news/uk-news/terminally-ill-mum-who-hid-14178690
3. Jane Lavender, 'I've cured my chronic back pain with £19 patch – but

NHS won't prescribe it', *Daily Mirror*, 2019 https://www.mirror.co.uk/news/uk-news/ive-cured-chronic-back-pain-14985643

4. Hoy, D., March, L., Brooks, P., Blyth, F. et al., 'The global burden of low back pain: estimates from the Global Burden of Disease 2010 study', *Annals of the Rheumatic Diseases*, 73 (2014), pp. 968–74 https://ard.bmj.com/content/73/6/968.abstract?sid=72849399-2667-40d1-ad63-926cf0d28c35

5. BioElectronics Corporation Clinical Evidence http://www.bielcorp.com/Clinical-Evidence/

6. Andrade, R., Duarte, H., Pereira, R., Lopes, I., Pereira, H., Rocha, R. and Espregueira-Mendes, J., 'Pulsed electromagnetic field therapy effectiveness in low back pain: A systematic review of randomized controlled trials', *Porto Biomedical Journal*, 1(5) (November 2016), pp. 156–63 doi:10.1016/j.pbj.2016.09.001

7. Letter K192234, US Food & Drug Administration, 2020 https://www.accessdata.fda.gov/cdrh_docs/pdf19/K192234.pdf

8. Stephen Matthews, 'Remarkable transformation of six psoriasis patients who doctors say have been treated with homeopathy – including one who took a remedy derived from the discharge of a man', *Mail Online*, 2019 https://www.dailymail.co.uk/health/article-7213993/Six-patients-reportedly-cured-psoriasis-starting-homeopathy.html

03　样本量

1. Ian Sample, 'Strong language: swearing makes you stronger, psychologists confirm', the *Guardian*, 2017 https://www.theguardian.com/science/2017/may/05/strong-language-swearing-makes-you-stronger-psychologists-confirm

2. Stephens, R., Spierer, D. K. and Katehis, E., 'Effect of swearing on strength and power performance', *Psychology of Sport and Exercise*, 35 (2018), pp. 111–17 https://doi.org/10.1016/j.psychsport.2017.11.014

3. 'PE with Joe, 2020 https://www.youtube.com/watch?v=H5Gmlq4Zdns

4. Gautret, P., Lagier, J.-C., Parola, P., Hoang, V. T. et al., 'Hydroxychloroquine and azithromycin as a treatment of COVID-19: Results of an open-label non-randomized clinical trial', *International Journal of Antimicrobial Agents*, 56(1) (2020) doi:10.1016/j.ijantimicag.2020.105949

5. Donald J. Trump, @realdonaldtrump, 2020 https://twitter.com/realDonaldTrump/status/1241367239900778501

04　偏差样本

1. 'BRITS LIKE IT CHEESY: Cheese on toast has been voted the nation's favourite snack', the *Sun*, 2020 https://www.thesun.co.uk/news/11495372/

brits-vote-cheese-toast-best-snack/
2. Bridie Pearson-Jones, 'Cheese on toast beats crisps and bacon butties to be named the UK's favourite lockdown snack as people turn to comfort food to ease their anxiety', *Mail Online*, 2020 https://www.dailymail.co.uk/femail/food/article-8260421/Cheese-toast-Britains-favourite-lockdown-snack.html
3. 'How do you compare to the average Brit in lockdown?', Raisin.co.uk, 2020 https://www.raisin.co.uk/newsroom/articles/britain-lock-down/
4. Greg Herriett, 20 November 2019, Twitter https://twitter.com/greg_herriett/status/1197115377739845633
5. Ofcom media literacy tracker 2018 https://journals.sagepub.com/doi/10.1177/2056305117698981
6. Sloan, L., 'Who Tweets in the United Kingdom? Profiling the Twitter population using the British Social Attitudes Survey 2015', *Social Media + Society*, 3(1) (2017) https://doi.org/10.1177/2056305117698981
7. Tversky, A. and Kahneman, D., 'The behavioral foundations of economic theory', *The Journal of Business*, 59(4) (October 1986), Part 2, pp. S251–S278.

05　统计显著性

1. Helena Horton, 'Men eat more food when they are trying to impress women, study finds', the *Daily Telegraph*, 2015 https://www.telegraph.co.uk/news/science/12010316/men-eat-more-food-when-they-are-trying-to-impress-women.html
2. Lisa Rapaport, 'Men may eat more when women are watching', *Reuters*, 2015 https://www.reuters.com/article/us-health-psychology-men-overeating/men-may-eat-more-when-women-are-watching-idUSKBN0TF23120151126
3. 'Men eat more in the company of women', 2015, *Economic Times* https://economictimes.indiatimes.com/magazines/panache/men-eat-more-in-the-company-of-women/articleshow/49830582.cms
4. Kniffin, K. M., Sigirci, O. and Wansink, B., 'Eating heavily: Men eat more in the company of women', *Evolutionary Psychological Science*, 2 (2016), pp. 38–46 https://doi.org/10.1007/s40806-015-0035-3
5. Cassidy, S. A., Dimova, R., Giguère, B., Spence, J. R. and Stanley, D. J., 'Failing grade: 89% of introduction-to-psychology textbooks that define or explain statistical significance do so incorrectly', *Advances in Methods and Practices in Psychological Science*, 2(3) (2019), pp. 233–9 https://doi.org/10.1177/2515245919858072
6. Haller, H. and Kraus, S., 'Misinterpretations of significance: A problem students share with their teachers?', *Methods of Psychological Research*, 7(1) (2002), pp. 1–20.

7. Cassidy et al., 2019.
8. Brian Wansink, 'The grad student who never said "No"', 2016, archived at https://web.archive.org/web/20170312041524/http:/www.brianwansink.com/phd-advice/the-grad-student-who-never-said-no
9. Stephanie M. Lee, 'Here's how Cornell scientist Brian Wansink turned shoddy data into viral studies about how we eat', *BuzzFeed News*, 2018 https://www.buzzfeednews.com/article/stephaniemlee/brian-wansink-cornell-p-hacking
10. Ibid.

06 效应量

1. Jean Twenge, 'Have smartphones destroyed a generation?', *The Atlantic*, 2017 https://www.theatlantic.com/magazine/archive/2017/09/has-the-smartphone-destroyed-a-generation/534198/
2. Dr Leonard Sax, 'How social media may harm boys and girls differently', *Psychology Today*, 2020 https://www.psychologytoday.com/us/blog/sax-sex/202005/how-social-media-harms-boys-and-girls-differently
3. Orben, A. and Przybylski, A., 'The association between adolescent well-being and digital technology use', *Nature Human Behaviour*, 3(2) (2019) doi:10.1038/s41562-018-0506-1
4. Damon Beres, 'Reading on a screen before bed might be killing you', *Huffington Post*, 23 December 2014 https://www.huffingtonpost.co.uk/entry/reading-before-bed_n_6372828
5. Chang, A. M., Aeschbach, D., Duffy, J. F. and Czeisler, C. A., 'Evening use of light-emitting eReaders negatively affects sleep, circadian timing, and next-morning alertness', *Proceedings of the National Academy of Sciences of the United States of America*, 112(4) (2015), pp. 1232–7 doi:10.1073/pnas.1418490112
6. Przybylski, A. K., 'Digital screen time and pediatric sleep: Evidence from a preregistered cohort study', *The Journal of Pediatrics*, 205 (2018), pp. 218–23.e1

07 混杂因素

1. Arman Azad, 'Vaping linked to marijuana use in young people, research says', *CNN*, 2019 https://edition.cnn.com/2019/08/12/health/e-cigarette-marijuana-young-people-study/index.html
2. Chadi, N., Schroeder, R., Jensen, J. W. and Levy, S., 'Association between electronic cigarette use and marijuana use among adolescents and young adults: A systematic review and meta-analysis', *JAMA Pediatrics*, 173(10) (2019), e192574 doi:10.1001/jamapediatrics.2019.2574
3. Hannah Ritchie and Max Roser, 'CO$_2$ and greenhouse gas emissions',

Our World in Data https://ourworldindata.org/co2-and-other-greenhouse-gas-emissions#per-capita-co2-emissions; Hannah Ritchie and Max Roser, 'Obesity', *Our World in Data* https://ourworldindata.org/obesity
4. Camenga, D. R., Kong, G., Cavallo, D. A., Liss, A. et al., 'Alternate tobacco product and drug use among adolescents who use electronic cigarettes, cigarettes only, and never smokers', *Journal of Adolescent Health*, 55(4) (2014), pp. 588–91 doi:10.1016/j.jadohealth.2014. 06.016
5. van den Bos, W. and Hertwig, R., 'Adolescents display distinctive tolerance to ambiguity and to uncertainty during risky decision making', *Scientific Reports 7*, 40962 (2017) https://doi.org/10.1038/srep40962
6. Zuckerman, M., Eysenck, S. and Eysenck, H. J., 'Sensation seeking in England and America: cross-cultural, age, and sex comparisons', *Journal of Consulting and Clinical Psychology*, 46(1) (1978), pp. 139–49 doi:10.1037//0022-006x.46.1.139
7. Dai, H., Catley, D., Richter, K. P., Goggin., K and Ellerbeck, E. F., 'Electronic cigarettes and future marijuana use: A longitudinal study', *Pediatrics*, 141(5) (2018), e20173787 doi:10.1542/peds.2017-3787
8. Sutfin, E. L., McCoy, T. P., Morrell, H. E. R., Hoeppner, B. B. and Wolfson, M., 'Electronic cigarette use by college students', *Drug Alcohol Depend*, 131(3) (2013), pp. 214–21 doi:10.1016/j.drugalcdep.2013.05.001

08　因果性

1. 'Fizzy drinks make teenagers violent', the *Daily Telegraph*, 2011 https://www.telegraph.co.uk/news/health/news/8845778/Fizzy-drinks-make-teenagers-violent.html
2. 'Fizzy drinks make teenagers more violent, say researchers', *The Times*, 2011 https://www.thetimes.co.uk/article/fizzy-drinks-make-teenagers-more-violent-say-researchers-7d266cfz65x
3. Solnick, S. J. and Hemenway, D., 'The "Twinkie Defense": The relationship between carbonated non-diet soft drinks and violence perpetration among Boston high school students', *Injury Prevention*, 18(4) (2012), pp. 259–63.
4. Angrist, J. D., 'Lifetime earnings and the Vietnam era draft lottery: Evidence from Social Security administrative records', *The American Economic Review*, 80(3) (1990), pp. 313–36 www.jstor.org/stable/2006669
5. Haneef, R., Lazarus, C., Ravaud, P., Yavchitz, A. and Boutron, I., 'Interpretation of results of studies evaluating an intervention highlighted in Google health news: A cross-sectional study of news', *PLOS One*, 16(10) (2015), e0140889
6. Miguel, E., Satyanath, S. and Sergenti, E., 'Economic shocks and civil conflict: An instrumental variables approach', *Journal of Political Economy*,

112 (4) (2004), pp. 725–53 www.jstor.org/stable/10.1086/421174
7. Jed Friedman, 'Economy, conflict, and rain revisited', World Bank Blogs, 21 March 2012
8. Antonakis, J., Bendahan, S., Jacquart, P. and Lalive, R., 'On making causal claims: A review and recommendations', *The Leadership Quarterly*, 21 (2010), pp. 1086–1120 10.1016/j.leaqua.2010.10.010.

09 这个数字大吗

1. '£350 million EU claim "a clear misuse of official statistics"', *Full Fact*, 2017 https://fullfact.org/europe/350-million-week-boris-johnson-statistics-authority-misuse/
2. Sir David Norgrove, letter to Boris Johnson, 17 September 2017 https://uksa.statisticsauthority.gov.uk/wp-content/uploads/2017/09/Letter-from-Sir-David-Norgrove-to-Foreign-Secretary.pdf
3. TFL Travel in London Report 11, 2018 http://content.tfl.gov.uk/travel-in-london-report-11.pdf
4. Rojas-Rueda, D., de Nazelle, A., Tainio, M. and Nieuwenhuijsen, M. J., 'The health risks and benefits of cycling in urban environments compared with car use: Health impact assessment study', *British Medical Journal*, 343 (2011), d4521–d4521.
5. Kaisha Langton, 'Deaths in police custody UK: How many people die in police custody? A breakdown', *Daily Express*, 2020 https://www.express.co.uk/news/uk/1292938/deaths-in-police-custody-uk-how-many-people-die-in-police-custody-UK-black-lives-matter
6. 'Police powers and procedures, England and Wales', year ending 31 March 2019, 24 October 2019 https://www.gov.uk/government/collections/police-powers-and-procedures-england-and-wales
7. Arturo Garcia and Bethania Palma, 'Have undocumented immigrants killed 63,000 American citizens since 9/11?', *Snopes*, 22 June 2018 https://www.snopes.com/fact-check/have-undocumented-killed-63000-us-9-11/
8. 'Crime in the US 2016', FBI, 25 September 2017 https://ucr.fbi.gov/crime-in-the-u.s/2016/crime-in-the-u.s.-2016/
9. Budget 2020 https://assets.publishing.service.gov.uk/government/uploads/system/uploads/attachment_data/file/871799/Budget_2020_Web_Accessible_Complete.pdf

10 贝叶斯定理

1. Zoe Zaczek, 'Controversial idea to give "immunity passports" to Australians who have recovered from coronavirus – making them exempt from tough social distancing laws', *Daily Mail Australia*, 2020 https://www.dailymail.co.uk/news/article-8205049/Controversial-idea-introduce-

COVID-19-immunity-passports-avoid-long-term-Australian-lockdown.html
2. Kate Proctor, Ian Sample and Philip Oltermann, '"Immunity passports" could speed up return to work after Covid-19', the *Guardian*, 2020 https://www.theguardian.com/world/2020/mar/30/immunity-passports-could-speed-up-return-to-work-after-covid-19
3. James X. Li, FDA, 1 April 2020 https://www.fda.gov/media/136622/download
4. Nelson, H. D., Pappas, M., Cantor, A., Griffin, J., Daeges, M. and Humphrey, L., 'Harms of breast cancer screening: Systematic review to update the 2009 U.S. Preventive Services Task Force Recommendation' *Annals of Internal Medicine*, 164(4) (2016), pp. 256–67 doi:10.7326/M15-0970 (published correction appears in *Annals of Internal Medicine*, 169(10) (2018), p. 740)
5. Brawer, M. K., Chetner, M. P., Beatie, J., Buchner, D. M., Vessella, R. L. and Lange, P. H., 'Screening for prostatic carcinoma with prostate specific antigen', *Journal of Urology*, 147(3) (1992), Part 2, pp. 841–5 doi:10.1016/s0022-5347(17)37401-3
6. Navarrete, G., Correia, R., Sirota, M., Juanchich, M. and Huepe, D., 'Doctor, what does my positive test mean? From Bayesian textbook tasks to personalized risk communication', *Frontiers in Psychology*, 17 September 2015 doi:10.3389/fpsyg.2015.01327
7. Jowett, C., 'Lies, damned lies, and DNA statistics: DNA match testing, Bayes' theorem, and the Criminal Courts', *Medicine, Science and the Law*, 41(3) (2001), pp. 194–205 doi:10.1177/002580240104100302
8. *The Times* Law Reports, 12 January 1994.
9. Hill, R., 'Multiple sudden infant deaths – coincidence or beyond coincidence?', *Paediatric and Perinatal Epidemiology*, 18(5) (2004), pp. 320–26 doi:10.1111/j.1365-3016.2004.00560.x
10. Anderson, B. L., Williams, S. and Schulkin, J., 'Statistical literacy of obstetrics-gynecology residents', *Journal of Graduate Medical Education*, 5(2) (2013), pp. 272–5 doi:10.4300/JGME-D-12-00161.1

11　绝对风险和相对风险

1. Sarah Knapton, 'Health risk to babies of men over 45, major study warns', the *Daily Telegraph*, 2018 https://www.telegraph.co.uk/science/2018/10/31/older-fathers-put-health-child-partner-risk-delaying-parenthood/
2. Khandwala, Y. S., Baker, V. L., Shaw, G. M., Stevenson, D. K., Faber, H. K., Lu, Y. and Eisenberg, M. L., 'Association of paternal age with perinatal outcomes between 2007 and 2016 in the United States: Population based cohort study', *British Medical Journal*, 363 (2018), k4372.
3. Sarah Boseley, 'Even moderate intake of red meat raises cancer risk,

study finds', the *Guardian*, 2019 https://www.theguardian.com/society/2019/apr/17/even-moderate-intake-of-red-meat-raises-cancer-risk-study-finds
4. Ben Spencer, 'Teenage boys' babies are "30% more likely to develop autism, schizophrenia and spina bifida"', the *Daily Mail*, 2015 https://www.dailymail.co.uk/health/article-2957985/Birth-defects-likely-children-teen-fathers.html
5. Bowel cancer risk, Cancer Research UK https://www.cancerresearchuk.org/health-professional/cancer-statistics/statistics-by-cancer-type/bowel-cancer/risk-factors
6. Klara, K., Kim, J. and Ross, J. S., 'Direct-to-consumer broadcast advertisements for pharmaceuticals: Off-label promotion and adherence to FDA guidelines', *Journal of General Internal Medicine*, 33 (2018), pp. 651–8 https://doi.org/10.1007/s11606-017-4274-9 https://link.springer.com/article/10.1007/s11606-017-4274-9/tables/6
7. Kahwati, L., Carmody, D., Berkman, N., Sullivan, H. W., Aikin, K. J. and DeFrank, J., 'Prescribers' knowledge and skills for interpreting research results: A systematic review', *Journal of Continuing Education in the Health Professions*, 37(2) (Spring 2017), pp. 129–36 doi:10.1097/CEH.0000000000000150 https://journals.lww.com/jcehp/Abstract/2017/03720/Prescribers__Knowledge_and_Skills_for_Interpreting.10.aspx

12 测量的东西变了吧

1. Ben Quinn, 'Hate crimes double in five years in England and Wales', the *Guardian*, 2019 https://www.theguardian.com/society/2019/oct/15/hate-crimes-double-england-wales
2. Hate Crime statistical bulletin, England and Wales 2018/19, Home Office, 2019 https://assets.publishing.service.gov.uk/government/uploads/system/uploads/attachment_data/file/839172/hate-crime-1819-hosb2419.pdf
3. Nancy Kelley, Dr Omar Khan and Sarah Sharrock, 'Racial prejudice in Britain today', NatCen, September 2017 http://natcen.ac.uk/media/1488132/racial-prejudice-report_v4.pdf
4. Ibid.
5. 'Data & statistics on autism spectrum disorder', US Centers for Disease Control and Prevention https://www.cdc.gov/ncbddd/autism/data.html
6. Lotter, V., 'Epidemiology of autistic conditions in young children', *Social Psychiatry*, 1(3) (1966), pp. 124–35.
7. Treffert, D. A., 'Epidemiology of infantile autism', *Archives of General Psychiatry*, 22(5) (1970), pp. 431–8.
8. Kanner, L., 'Autistic disturbances of affective contact', *Nervous Child*, 2 (1943), pp. 217–50.
9. This explanation is largely taken from Lina Zeldovich, 'The evolution of

"autism" as a diagnosis, explained', *Spectrum News*, 9 May 2018 https://www.spectrumnews.org/news/evolution-autism-diagnosis-explained/
10. Volkmar, F. R., Cohen, D. J. and Paul, R., 'An evaluation of DSM-III criteria for infantile autism', *Journal of the American Academy of Child & Adolescent Psychiatry*, 25(2) (1986), pp. 190–97 doi:10.1016/s0002-7138(09)60226-0
11. 'Crime in England and Wales: Appendix tables', ONS, year ending December 2019 https://www.ons.gov.uk/peoplepopulationandcommunity/crimeandjustice/datasets/crimeinenglandandwalesappendixtables
12. The Law Reports (Appeal Cases), *R* v *R* (1991) UKHL 12 (23 October 1991) http://www.bailii.org/uk/cases/UKHL/1991/12.html
13. 'Sexual offending: Crime Survey for England and Wales appendix tables', ONS, 13 December 2018 https://www.ons.gov.uk/peoplepopulationandcommunity/crimeandjustice/datasets/sexualoffendingcrimesurveyforenglandandwalesappendixtables
14. 'United States: Weekly and biweekly deaths: where are confirmed deaths increasing or falling?', *Our World in Data*, 30 June 2020 update https://ourworldindata.org/coronavirus/country/united-states?country=~USA#weekly-and-biweekly-deaths-where-are-confirmed-deaths-increasing-or-falling
15. House of Commons Library Briefing Paper Number 8537, 2019, Hate Crime Statistics https://commonslibrary.parliament.uk/research-briefings/cbp-8537/

13 排名

1. Sean Coughlan, 'Pisa tests: UK rises in international school rankings', *BBC News*, 2019 https://www.bbc.co.uk/news/education-50563833
2. 'India surpasses France, UK to become world's 5th largest economy: IMF', *Business Today*, 23 February 2020 https://www.businesstoday.in/current/economy-politics/india-surpasses-france-uk-to-become-world-5th-largest-economy-imf/story/396717.html
3. Alanna Petroff, 'Britain crashes out of world's top 5 economies', *CNN*, 2017 https://money.cnn.com/2017/11/22/news/economy/uk-france-biggest-economies-in-the-world/index.html
4. Darren Boyle, 'India overtakes Britain as the world's sixth largest economy (so why are WE still planning to send THEM £130 million in aid by 2018?)', the *Daily Mail*, 2016 https://www.dailymail.co.uk/news/article-4056296/India-overtakes-Britain-world-s-sixth-largest-economy-earth-planning-send-130-million-aid-end-2018.html
5. World Economic and Financial Surveys, World Economic Outlook Database, IMF.org https://www.imf.org/external/pubs/ft/weo/2019/02/weodata/index.aspx

6. Marcus Stead, 'The quiet death of Virgin Cola', 2012 https://marcussteaduk.wordpress.com/2011/02/20/virgin-cola/
7. Clark, A. E., Frijters, P. and Shields, M. A., 'Relative income, happiness, and Utility: An explanation for the Easterlin Paradox and other puzzles', *Journal of Economic Literature*, 46(1) (2008), pp. 95–144 doi:10.1257/jel.46.1.95
8. IMF World Economic Outlook Database, 2019 https://www.imf.org/external/pubs/ft/weo/2019/02/weodata/index.aspx
9. 'QS World University Rankings: Methodology', 2020 https://www.topuniversities.com/qs-world-university-rankings/methodology
10. 'University league tables 2020', the *Guardian*, https://www.theguardian.com/education/ng-interactive/2019/jun/07/university-league-tables-2020
11. OECD PISA FAQ http://www.oecd.org/pisa/pisafaq/
12. 'PISA 2018 results: Combined executive summaries' https://www.oecd.org/pisa/Combined_Executive_Summaries_PISA_2018.pdf

14　它在文献中有代表性吗

1. Joe Pinkstone, 'Drinking a small glass of red wine a day could help avoid age-related health problems like diabetes, Alzheimer's and heart disease, study finds', the *Daily Mail*, 2020 https://www.dailymail.co.uk/sciencetech/article-8185207/Drinking-small-glass-red-wine-day-good-long-term-health.html
2. Alexandra Thompson, 'A glass of red is NOT good for the heart: Scientists debunk the myth that drinking in moderation has health benefits', the *Daily Mail*, 2017 https://www.dailymail.co.uk/health/article-4529928/A-glass-red-wine-NOT-good-heart.html
3. Alexandra Thompson, 'One glass of antioxidant-rich red wine a day slashes men's risk of prostate cancer by more than 10% – but Chardonnay has the opposite effect, study finds', the *Daily Mail*, 2018 https://www.dailymail.co.uk/health/article-5703883/One-glass-antioxidant-rich-red-wine-day-slashes-mens-risk-prostate-cancer-10.html
4. Colin Fernandez, 'Even one glass of wine a day raises the risk of cancer: Alarming study reveals booze is linked to at least SEVEN forms of the disease', the *Daily Mail*, 2016 https://www.dailymail.co.uk/health/article-3701871/Even-one-glass-wine-day-raises-risk-cancer-Alarming-study-reveals-booze-linked-SEVEN-forms-disease.html
5. Mold, M., Umar, D., King, A. and Exley, C., 'Aluminium in brain tissue in autism', Journal of Trace Elements in Medicine and Biology, 46 (March 2018), pp. 76-82 doi:10.1016/j.jtemb.2017.11.012
6. Chris Exley and Alexandra Thompson, 'Perhaps we now have the link between vaccination and autism: Professor reveals aluminium in jabs may cause sufferers to have up to 10 times more of the metal in their brains

than is safe', the *Daily Mail*, 2017, archived at https://web.archive.org/web/20171130210126/http://www.dailymail.co.uk/health/article-5133049/Aluminium-vaccines-cause-autism.html
7. Wakefield, A. J., Murch, S. H., Anthony, A., Linnell, J. et al., 'RETRACTED: Ileal-lymphoid-nodular hyperplasia, non-specific colitis, and pervasive developmental disorder in children', *The Lancet*, 28 February 1998 https://doi.org/10.1016/S0140-6736(97)11096-0
8. Godlee, F., Smith, J. and Marcovitch, H., 'Wakefield's article linking MMR vaccine and autism was fraudulent', *British Medical Journal*, 342 (2011), c7452.
9. 'More than 140,000 die from measles as cases surge worldwide', WHO, 2019 https://www.who.int/news-room/detail/05-12-2019-more-than-140-000-die-from-measles-as-cases-surge-worldwide
10. Xi, B., Veeranki, S. P., Zhao, M., Ma, C., Yan, Y. and Mi, J., 'Relationship of alcohol consumption to all-cause, cardiovascular, and cancer-related mortality in U.S. adults', *Journal of the American College of Cardiology*, 70(8) (August 2017), pp. 913–22.
11. Bell, S., Daskalopoulou, M., Rapsomaniki, E., George, J., Britton, A., Bobak, M., Casas, J. P., Dale, C. E., Denaxas, S., Shah, A. D. and Hemingway, H., 'Association between clinically recorded alcohol consumption and initial presentation of 12 cardiovascular diseases: Population based cohort study using linked health records', *British Medical Journal*, 356 (2017), j909.
12. Gonçalves, A., Claggett, B., Jhund, P. S., Rosamond, W., Deswal, A., Aguilar, D., Shah, A. M., Cheng, S. and Solomon, S. D., 'Alcohol consumption and risk of heart failure: The atherosclerosis risk in communities study', *European Heart Journal*, 36 (14) (14 April 2015), pp. 939–45 https://doi.org/10.1093/eurheartj/ehu514

15 追求新奇

1. Lucy Hooker, 'Does money make you mean?', *BBC News*, 2015 https://www.bbc.co.uk/news/magazine-31761576
2. Vohs, K. D., Mead, N. L. and Goode, M. R., 'The psychological consequences of money,' *Science*, 314 (17 November 2006).
3. Daniel Kahneman, *Thinking, Fast and Slow*, Allen Lane, 2011.
4. Bateson, M., Nettle, D. and Roberts, G., 'Cues of being watched enhance cooperation in a real-world setting', *Biology Letters*, 2(3) (2006), pp. 412–14 doi:10.1098/rsbl.2006.0509
5. Zhong, C.-B. and Liljenquist, K., 'Washing away your sins: Threatened morality and physical cleansing', *Science*, 313 (8 September 2006), pp. 1451–2 doi:10.1126/science.1130726.
6. Joe Pinsker, 'Just *looking* at cash makes people selfish and less social', *The*

Atlantic, 2014.
7. Bem, D. J., 'Feeling the future: Experimental evidence for anomalous retroactive influences on cognition and affect', *Journal of Personality and Social Psychology*, 100(3) (2011), pp. 407–25 https://doi.org/10.1037/a0021524
8. Ritchie, S., Wiseman, R. and French, C., 'Replication, replication, replication', *The Psychologist*, 25 (May 2012) https://thepsychologist.bps.org.uk/volume-25/edition-5/replication-replication-replication
9. Ritchie, S. J., Wiseman, R. and French, C. C., 'Failing the future: Three unsuccessful attempts to replicate Bem's "retroactive facilitation of recall" effect', *PLOS One*, 7(3) (2012), e33423 https://doi.org/10.1371/journal.pone.0033423
10. Bem, D., Tressoldi, P. E., Rabeyron, T. and Duggan, M., 'Feeling the future: A meta-analysis of 90 experiments on the anomalous anticipation of random future events (version 2; peer review: 2 approved)', *F1000Research*, 2016, 4:1188 https://doi.org/10.12688/f1000research.7177.2
11. Simes R. J., 'Publication bias: The case for an international registry of clinical trials', *Journal of Clinical Oncology*, 4(10) (1 October 1986), pp. 1529–41 doi:10.1200/JCO.1986.4.10
12. Driessen, E., Hollon, S. D., Bockting, C. L. H., Cuijpers, P. and Turner, E. H., 'Does publication bias inflate the apparent efficacy of psychological treatment for major depressive disorder? A systematic review and meta-analysis of US national institutes of health-funded trials', *PLOS One*, 10(9) (2015), e0137864 doi:10.1371/journal.pone.0137864
13. Conn, V., Valentine, J., Cooper, H. and Rantz, M., 'Grey literature in meta-analyses', *Nursing Research*, 52(4) (2003), pp. 256–61 doi:10.1097/00006199-200307000-00008
14. DeVito, N. J., Bacon, S. and Goldacre, B., 'Compliance with legal requirement to report clinical trial results on ClinicalTrials.gov: A cohort study', *The Lancet*, 17 January 2020 doi:https://doi.org/10.1016/S0140-6736(19)33220-9
15. Lodder, P., Ong, H. H., Grasman, R. P. P. P. and Wicherts, J. M., 'A comprehensive meta-analysis of money priming', *Journal of Experimental Psychology: General*, 148(4) (2019), pp. 688–712 doi:10.1037/xge0000570
16. Scheel, A., Schijen, M. and Lakens, D., 'An excess of positive results: Comparing the standard psychology literature with registered reports', *PsyArVix*, 5 February 2020 doi:10.31234/osf.io/p6e9c

16　采樱桃谬误

1. Bob Carter, 'There IS a problem with global warming... it stopped in 1998,' the *Daily Telegraph*, 2006 https://www.telegraph.co.uk/comment/3624242/There-IS-a-problem-with-global-warming...-it-stopped-in-1998.html

2. David Rose, 'Global warming stopped 16 years ago, reveals Met Office report quietly released . . . and here is the chart to prove it', the *Mail on Sunday*, 2012 https://www.dailymail.co.uk/sciencetech/article-2217286/Global-warming-stopped-16-years-ago-reveals-Met-Office-report-quietly-released--chart-prove-it.html
3. Sam Griffiths and Tim Shipman, '"Suicidal generation": tragic toll of teens doubles in 8 years', the *Sunday Times*, 2019 https://www.thetimes.co.uk/edition/news/suicidal-generation-tragic-toll-of-teens-doubles-in-8-years-zlkqzsd2b
4. 'Suicides in the UK: 2018 registrations', ONS, 3 September 2019 https://www.ons.gov.uk/peoplepopulationandcommunity/birthsdeathsandmarriages/deaths/bulletins/suicidesintheunitedkingdom/2018registrations
5. COMPare, 'Tracking switched outcomes in medical trials', Centre for Evidence-Based Medicine, 2018 https://compare-trials.org/index.html

17 预测

1. Philip Inman, 'OBR caps UK growth forecast at 1.2% but says five-year outlook bright', the *Guardian*, 2019 https://www.theguardian.com/business/2019/mar/13/obr-caps-uk-growth-forecast-at-12-but-says-five-year-outlook-bright
2. 'How our forecasts measure up', Met Office blog, 2016 https://blog.metoffice.gov.uk/2016/07/10/how-our-forecasts-measure-up/
3. Nate Silver, *The Signal and the Noise: The Art and Science of Prediction*, Penguin 2012.

18 模型中的假设

1. Peter Hitchens, 'There's powerful evidence this Great Panic is foolish, yet our freedom is still broken and our economy crippled', the *Mail on Sunday*, 2020. Archived at the Wayback Machine: https://www.dailymail.co.uk/debate/article-8163587/PETER-HITCHENS-Great-Panic-foolish-freedom-broken-economy-crippled.html 这是网络存档版本，因为《星期日邮报》上的该文章原文自出版以来已经过编辑，因此我们引用的那句话"他两次修改了他的可怕预言，第一次是不到2万，然后在周五又改成5700"现在变成了"他或帝国理工学院的其他人两次修改了他的可怕预言，第一次是不到2万，然后在周五又改成5700"（强调为我们所加）。
2. 'United Kingdom: What is the cumulative number of confirmed deaths?', *Our World in Data* https://ourworldindata.org/coronavirus/country/united-kingdom?country=~GBR#what-is-the-cumulative-number-of-confirmed-deaths

3. Ferguson, N. M., Laydon, D., Nedjati-Gilani, G., Imai, N. et al., 'Impact of non-pharmaceutical interventions (NPIs) to reduce COVID-19 mortality and healthcare demand', Imperial College London, 16 March 2020 https://www.imperial.ac.uk/media/imperial-college/medicine/sph/ide/gida-fellowships/Imperial-College-COVID19-NPI-modelling-16-03-2020.pdf

4. Lourenço, J., Paton, R., Ghafari, M., Kraemer, M., Thompson, C., Simmonds, P., Klenerman, P. and Gupta, S., 'Fundamental principles of epidemic spread highlight the immediate need for large-scale serological surveys to assess the stage of the SARS-CoV-2 epidemic', *medRxiv* 2020.03.24.20042291 (preprint) 2020 https://doi.org/10.1101/2020.03.24.20042291

5. Chris Giles, 'Estimates of long-term effect of Brexit on national income' chart, 'Brexit in seven charts – the economic impact', the *Financial Times*, 2016 https://www.ft.com/content/0260242c-370b-11e6-9a05-82a9b15a8ee7

6. 'The economy after Brexit', Economists for Brexit, 2016 http://issuu.com/efbkl/docs/economists_for_brexit_-_the_economy/1?e=24629146/35248609

7. 'HM Treasury analysis: The immediate economic impact of leaving the EU', HM Treasury, 2016 https://assets.publishing.service.gov.uk/government/uploads/system/uploads/attachment_data/file/524967/hm_treasury_analysis_the_immediate_economic_impact_of_leaving_the_eu_web.pdf

8. 'Family spending workbook 1: Detailed expenditure and trends', table 4.3, ONS, 19 March 2020. https://www.ons.gov.uk/peoplepopulationandcommunity/personalandhouseholdfinances/expenditure/datasets/familyspendingworkbook1detailedexpenditureandtrends

9. Estrin, S., Cote, C., and Shapiro, D., 'Can Brexit defy gravity? It is still much cheaper to trade with neighbouring countries', LSE blog, 9 November 2018 https://blogs.lse.ac.uk/management/2018/11/09/can-brexit-defy-gravity-it-is-still-much-cheaper-to-trade-with-neighbouring-countries/

10. Head, K. and Mayer, T., Gravity equations: Workhorse, toolkit, and cookbook', *Handbook of International Economics*, 4(10) (2013) doi:1016/B978-0-444-54314-1.00003-3.

11. Sampson, T., Dhingra, S., Ottaviano, G. and Van Reenan, J., 'Economists for Brexit: A critique', CEP Brexit Analysis Paper No. 6, 2016 http://cep.lse.ac.uk/pubs/download/brexit06.pdf

12. Pike, W. T. and Saini, V., 'An international comparison of the second derivative of COVID-19 deaths after implementation of social distancing measures', *medRxiv* 2020.03.25.20041475 doi:https://doi.org/10.1101/2020.03.25.20041475

13. Tom Pike, Twitter, 2020: https://twitter.com/TomPike00075908/status/1244077827164643328.

19 得州神枪手谬误

1. Stefan Shakespeare, 'Introducing YouGov's 2017 election model', YouGov, 2017 https://yougov.co.uk/topics/politics/articles-reports/2017/05/31/yougovs-election-model
2. Stefan Shakespeare, 'How YouGov's election model compares with the final result', YouGov, 2017 https://yougov.co.uk/topics/politics/articles-reports/2017/06/09/how-yougovs-election-model-compares-final-result
3. Anthony Wells, 'Final 2019 general election MRP model: Small Conservative majority likely', YouGov, 2019 https://yougov.co.uk/topics/politics/articles-reports/2019/12/10/final-2019-general-election-mrp-model-small-
4. John Rentoul, 'The new YouGov poll means this election is going to the wire', the *Independent*, 2019 https://www.independent.co.uk/voices/election-yougov-latest-poll-mrp-yougov-survation-tories-labour-majority-hung-parliament-a9241366.html
5. Mia de Graaf, 'Cell phone tower shut down at elementary school after eight kids are diagnosed with cancer in "mysterious" cluster', the *Daily Mail*, 2019 https://www.dailymail.co.uk/health/article-6886561/Cell-phone-tower-shut-elementary-school-eight-kids-diagnosed-cancer.html
6. Julie Watts, 'Moms of kids with cancer turn attention from school cell tower to the water', *CBS Sacramento*, 2019 https://sacramento.cbslocal.com/2019/05/02/moms-kids-cancer-cell-tower-water-ripon/
7. 'Cancer facts & figures 2020', American Cancer Society, Atlanta, Ga., 2020 https://www.cancer.org/research/cancer-facts-statistics/all-cancer-facts-figures/cancer-facts-figures-2020.html
8. Siméon Denis Poisson, *Recherches sur la probabilité des jugements en matière criminelle et en matière civile*, 1837, translated 2013 by Oscar Sheynin https://arxiv.org/pdf/1902.02782.pdf
9. Sam Greenhill, '"It's awful – Why did nobody see it coming?": The Queen gives her verdict on global credit crunch', the *Daily Mail*, 2008 https://www.dailymail.co.uk/news/article-1083290/Its-awful--Why-did-coming--The-Queen-gives-verdict-global-credit-crunch.html
10. House of Commons Hansard Debates, 13 November 2003, Column 397 https://publications.parliament.uk/pa/cm200203/cmhansrd/vo031113/debtext/31113-02.htm
11. Melissa Kite, 'Vince Cable: Sage of the credit crunch, but this Liberal Democrat is not for gloating', the *Daily Telegraph*, 2008 https://www.telegraph.co.uk/news/politics/liberaldemocrats/3179505/Vince-Cable-Sage-of-the-credit-crunch-but-this-Liberal-Democrat-is-not-for-gloating.html
12. Paul Samuelson (1966), quoted in Bluedorn, J. C., Decressin, J. and

Terrones, M. E., 'Do asset price drops foreshadow recessions?', IMF Working Paper, October 2013, p. 4.
13. Asa Bennett, *Romanifesto: Modern Lessons from Classical Politics*, Biteback Publishing, 2019.
14. Rachael Pells, 'British economy "will turn nasty next year", says former Business Secretary Sir Vince Cable', the *Independent*, 2016 https://www.independent.co.uk/news/business/sir-vince-cable-british-economy-will-turn-nasty-next-year-says-man-who-predicted-2008-economic-crash-a7394316.html
15. Feychting, M. and Alhbom, M., 'Magnetic fields and cancer in children residing near Swedish high-voltage power lines', *American Journal of Epidemiology*, 138(7) (1 October 1993), pp. 467–81 https://doi.org/10.1093/oxfordjournals.aje.a116881
16. Andy Coghlan, 'Swedish studies pinpoint power line cancer link', *New Scientist*, 1992 https://www.newscientist.com/article/mg13618450-300-swedish-studies-pinpoint-power-line-cancer-link/
17. Dr John Moulder, 'Electromagnetic fields and human health: Power lines and cancer FAQs', 2007 http://large.stanford.edu/publications/crime/references/moulder/moulder.pdf
18. Richard Gill, 'Lying statistics damn Nurse Lucia de B', 2007 https://www.math.leidenuniv.nl/~gill/lucia.html
19. Ben Goldacre, 'Lucia de Berk – a martyr to stupidity', the *Guardian*, 2010 https://www.badscience.net/2010/04/lucia-de-berk-a-martyr-to-stupidity/

20 幸存者偏差

1. Danuta Kean, 'The Da Vinci Code code: What's the formula for a bestselling book?', the *Guardian*, 2017 https://www.theguardian.com/books/2017/jan/17/the-da-vinci-code-code-whats-the-formula-for-a-bestselling-book
2. Donna Ferguson, 'Want to write a bestselling novel? Use an algorithm', the *Guardian*, 2017 https://www.theguardian.com/money/2017/sep/23/write-bestselling-novel-algorithm-earning-money
3. Hephzibah Anderson, 'The secret code to writing a bestseller', *BBC Culture*, 2016 https://www.bbc.com/culture/article/20160812-the-secret-code-to-writing-a-bestseller
4. Wald, A., 'A method of estimating plane vulnerability based on damage of survivors', Alexandria, Va., Operations Evaluation Group, Center for Naval Analyses, reprint, CRC432, 1980 https://apps.dtic.mil/dtic/tr/fulltext/u2/a091073.pdf
5. Gary Smith, *Standard Deviations: Flawed Assumptions, Tortured Data, and Other Ways to Lie with Statistics*, Overlook Press 2014.

6. Jordan Ellenberg, *How Not to Be Wrong: The Power of Mathematical Thinking*, Penguin Books, 2014, pp. 89–191.
7. Derren Brown, *The System*, Channel 4, 2008 http://derrenbrown.co.uk/shows/the-system/
8. John D. Sutter, 'Norway mass-shooting trial reopens debate on violent video games', CNN, 2012 https://edition.cnn.com/2012/04/19/tech/gaming-gadgets/games-violence-norway-react/index.html
9. Ben Hill, 'From a bullied school boy to NZ's worst mass murderer: Christchurch mosque shooter was "badly picked on as a child because he was chubby"', *Daily Mail Australia*, 2019 https://www.dailymail.co.uk/news/article-6819895/Christchurch-mosque-shooter-picked-pretty-badly-child-overweight.html
10. Jane C. Timm, 'Fact check: Trump suggests video games to blame for mass shootings', NBC News, 2019 https://www.nbcnews.com/politics/donald-trump/fact-check-trump-suggests-video-games-blame-mass-shootings-n1039411
11. Markey, P. M., Markey, C. N. and French, J. E., 'Violent video games and real-world violence: Rhetoric versus data', *Psychology of Popular Media Culture*, 4(4) (2015), pp. 277–95 https://doi.org/10.1037/ppm0000030
12. Turner, E. H., Matthews, A. M., Linardatos, E., Tell, R. A. and Rosenthal, R., 'Selective publication of antidepressant trials and its influence on apparent efficacy', *New England Journal of Medicine*, 358(3) (2008), pp. 252–60 doi:10.1056/NEJMsa065779

21 对撞偏差

1. Miyara, M., Tubach, F., Pourcher, V., Morelot-Panzini, C. et al., 'Low incidence of daily active tobacco smoking in patients with symptomatic COVID-19', *Qeios*, 21 April 2020 doi:10.32388/WPP19W.3
2. Mary Kekatos, 'Was Hockney RIGHT? French researchers to give nicotine patches to coronavirus patients and frontline workers after lower rates of infection were found among smokers', the *Daily Mail*, 2020 https://www.dailymail.co.uk/health/article-8246939/French-researchers-plan-nicotine-patches-coronavirus-patients-frontline-workers.html
3. Roberts, R. S., Spitzer, W. O., Delmore, T. and Sackett, D. L., 'An empirical demonstration of Berkson's bias', *Journal of Chronic Diseases*, 31(2) (1978, pp. 119–28 https://doi.org/10.1016/0021-9681(78)90097-8
4. Griffith, G., Morris, T. T., Tudball, M., Herbert, A. et al., 'Collider bias undermines our understanding of COVID-19 disease risk and severity', *medRxiv* 2020.05.04.20090506 doi:https://doi.org/10.1101/2020.05.04.20090506
5. Sperrin, M., Candlish, J., Badrick, E., Renehan, A. and Buchan, I., 'Collider bias is only a partial explanation for the obesity

paradox', *Epidemiology*, 27(4) (July 2016), pp. 525–30 doi:10.1097/
EDE.0000000000000493. PMID: 27075676; PMCID: PMC4890843.

22　古德哈特定律

1. Patrick Worrall, 'The target was for 100,000 tests a day to be "carried out", not "capacity" to do 100,000 tests', *Channel 4 FactCheck*, 2020 https://www.channel4.com/news/factcheck/factcheck-the-target-was-for-100000-tests-a-day-to-be-carried-out-not-capacity-to-do-100000-tests
2. 'United Kingdom: How many tests are performed each day?', *Our World in Data* https://ourworldindata.org/coronavirus/country/united-kingdom?country=~GBR#how-many-tests-are-performed-each-day
3. Laura Kuenssberg, Twitter https://twitter.com/bbclaurak/status/1255757972791230465
4. 'Matt Hancock confirms 100,000 coronavirus testing target met', *ITV News*, 1 May 2020 https://www.itv.com/news/2020-05-01/coronavirus-daily-briefing-matt-hancock-steve-powis-testing-tracing/
5. Emily Ashton, Twitter, 29 April 2020 https://twitter.com/elashton/status/1255468112251695109
6. Nick Carding, 'Government counts mailouts to hit 100,000 testing target', *Health Service Journal*, 2020 https://www.hsj.co.uk/quality-and-performance/revealed-how-government-changed-the-rules-to-hit-100000-tests-target/7027544.article
7. 'More or less: Testing truth, fatality rates obesity risk and trampolines', BBC Radio 4, 2020 https://www.bbc.co.uk/programmes/p08ccb4g
8. 'Sir David Norgrove response to Matt Hancock regarding the government's COVID-19 testing data', UK Statistics Authority, 2 June 2020 https://www.statisticsauthority.gov.uk/correspondence/sir-david-norgrove-response-to-matt-hancock-regarding-the-governments-covid-19-testing-data/
9. Daisy Christodoulou, 'Exams and Goodhart's law', 2013 https://daisychristodoulou.com/2013/11/exams-and-goodharts-law/
10. Dave Philipps, 'At veterans hospital in Oregon, a push for better ratings puts patients at risk, doctors say', the *New York Times*, 2018 https://www.nytimes.com/2018/01/01/us/at-veterans-hospital-in-oregon-a-push-for-better-ratings-puts-patients-at-risk-doctors-say.html
11. Gupta, A., Allen, L. A., Bhatt, D. L., Cox, M. et al., 'Association of the hospital readmissions reduction program implementation with readmission and mortality outcomes in heart failure', *JAMA Cardiology*, 3(1) (20), pp. 44–53 doi:10.1001/jamacardio.2017.4265
12. Fire, M. and Guestrin, C., 'Over-optimization of academic publishing metrics: Observing Goodhart's law in action', *GigaScience*, 8(6) (June 2019), giz053 https://doi.org/10.1093/gigascience/giz053

13. 'Millions more items of PPE for frontline staff from new business partnerships', Gov.uk, 9 May 2020 https://www.gov.uk/government/news/millions-more-items-of-ppe-for-frontline-staff-from-new-business-partnerships
14. Will Kurt, Twitter, 20 May 2016 https://twitter.com/willkurt/status/733708922364657664
15. Tom Chivers, 'Stop obsessing over the 100,000 test target', *UnHerd*, 2020 https://unherd.com/thepost/stop-obsessing-over-the-100000-test-target/

结论与统计写作指南

1. Simon Heffer, *The Daily Telegraph Style Guide*, Aurum Press, 2010.
2. 'Names and titles', Telegraph style book, 23 January 2018 https://www.telegraph.co.uk/style-book/names-and-titles/
3. Emily Favilla, 'BuzzFeed Style Guide', 4 February 2014 https://www.buzzfeed.com/emmyf/buzzfeed-style-guide
4. 'FULL SUNDAY SPORT STYLE GUIDE EMAIL "WHO THE HELL PUTS A HYPHEN IN BELLEND?"', *Guido Fawkes*, 25 July 2014 https://order-order.com/2014/07/25/full-sunday-sport-emailwho-the-hell-puts-a-hyphen-in-bellend/
5. Roger Milne, 'Britain in row with neighbours over North Sea dumping', *New Scientist*, 27 January 1990 https://www.newscientist.com/article/mg12517011-200-britain-in-row-with-neighbours-over-north-sea-dumping/#ixzz6VUDWpXqm
6. Adams, R. C., Challenger, A., Bratton, L., Boivin, J. et al., 'Claims of causality in health news: A randomised trial', *BMC Medicine*, 17, 91 (2019) https://doi.org/10.1186/s12916-019-1324-7

译名对照表

A 阿尔茨海默病：Alzheimer's [disease]
阿斯伯格综合征：Asperger's [syndrome]
安慰剂效应：placebo effect

B 白血病：leukaemia
贝叶斯定理：Bayes' Theorem
被试内设计：within-subject design
比例代表制：proportional representation，PR
表观有效性：apparent effectiveness
病死率：case fatality rate
病原体：pathogen
布里尔分数：Brier score
不确定性区间：uncertainty interval
不孕症：infertility

残差：residual
草甘膦：glyphosate
产科：obstetrics
产前筛查：antenatal screening
常数：constant
除草剂：herbicide
除颤器：defibrillator
传染病流行病学：infectious-disease epidemiology

C

癫痫［发作］：seizure
对立假设：alternative hypothesis
对照组：control group
对撞偏差（碰撞偏倚）：collider bias
对撞因素：collider

D

发表偏差（偏倚）：publication bias

F

方差：variance

肺气肿：emphysema

分层后多层回归：multilevel regression with poststratification，MRP

分母：denominator

分子：numerator

麸质：gluten

妇科：gynaecology

G 感染死亡率：infection fatality rate

个人防护用品：personal protective equipment，PPE

[英国] 个人社会福利：personal social services

孤独症：autism

孤独症谱系障碍：Autism Spectrum Disorder，ASD

广泛性发育障碍：pervasive developmental disorder，PDD

国际货币基金组织：International Monetary Fund，IMF

国际学生评估项目：Programme for International Student Assessment，PISA

H 后设分析（元分析）：meta-analysis

互斥：mutual exclusivity

化疗：chemotherapy

[统计]回归：[statistical] regression

混沌理论：chaos theory

混杂变量：confounding variable

混杂因素：confounder

活检：biopsy

霍桑效应：Hawthorne effect

J 激光干涉引力波天文台：Laser Interferometer Gravitation Wave Observatory，LIGO

脊柱裂：spina bifida

剂量反应：dose response

假阳性：false positive

假阴性：false negative

检察官谬误：prosecutor fallacy

简单多数制：first past the post，FPTP

鉴证：forensic

降低再入院率计划：Hospital Readmissions Reduction Program，HRRP

校准：calibrate

精神分裂：schizophrenia

《精神障碍诊断与统计手册》：The diagnostic and statistical manual of mental disorders，DSM

K 开放获取：open-access，OA

抗氧化剂：antioxidant

抗抑郁药：antidepressant

《科学公共图书馆·综合》：PLOS(The Public Library of

Science) *One*

框架效应：framing effect

L 酪蛋白：casein

离群值：outlier

灵视：clairvoyant

《柳叶刀》：*Lancet*

漏斗图：funnel plot

伦敦交通局：Transport for London, TfL

M 麻腮风疫苗：MMR(measles, mumps and rubella) vaccine

麦克白夫人效应：Lady Macbeth effect

慢性阻塞性肺病（慢阻肺）：obstructive pulmonary disease, OPD

《美国国家科学院院刊》：*Proceedings of the National Academy of Sciences*, *PNAS*

美国疾控中心：Centers for Disease Control and Prevention, CDC

美国联邦食品药品监督管理局：Food and Drug Administration, FDA

《美国医学会期刊》：*the Journal of the American Medical Association*, *JAMA*

美国有线电视新闻网：Cable Network News, CNN

《美联社写作格式手册》：the Associated Press Style Book

敏感度（灵敏度）：sensitivity

[预测]明确：specific

N 牛津循证医学中心：The Oxford Centre for Evidence-Based Medicine, [O]CEBM

疟疾：malaria

O 欧洲核子研究组织：Conseil Européen pour la Recherche Nucléaire, CERN

P p 值（概率值）：probability value, p-value

p 值操纵：p-hacking

偏态：skew

平方差：squared error

平均（人均）：average

[算术]平均数（均值）：[arithmetic] mean, mean average

泊松分布：Poisson distribution

扑热息痛（对乙酰氨基酚）：paracetamol（acetaminophen）

Q 启动：priming

前列腺癌：prostate cancer

区群谬误：ecological fallacy

R 《人格与社会心理学杂志》：Journal of Personality and Social Psychology

乳腺 X 光检查：mammograph

S 疝气：hernia

实验组：treatment group

顺势疗法：homeopathic remedy

随机对照试验：randomised controlled trial，RCT

随机误差：random error

T 糖尿病：diabetes

特异度：specificity，SPE

替代疗法：alternative therapy

条件概率：conditional probability

通［货膨］胀：inflation

通灵：psychic

统计功效：statistical power

统计显著性：statistical significance

痛风：gout

脱氧核糖核酸：deoxyribonucleic acid，DNA

W 误差：error

误差范围：margin of error

X 先验概率：prior probability

显著性检验（假设检验）：significance testing（hypothesis testing）

相关性：correlation

消费者价格：consumer prices

效应：effect

效应量：effect size

辛普森悖论：Simpson's paradox

幸存者偏差：survivorship bias

Y 样本：sample

样本量：sample size

轶事证据：anecdotal evidence

［英国下议院］议员：Member of Parliament，MP

因变量：dependent variable

因果性（因果关系）：causation，causality

婴儿猝死综合征：Sudden Infant Death Syndrome，SIDS

英格兰和威尔士犯罪调查：The Crime Survey for England and Wales，CSEW

英国财政部：Her/His Majesty's(HM) Treasury

英国国民医疗服务体系：National Health Service，NHS

英国皇家统计学会：Royal Statistical Society

英国内政部：the Home Office

英国气象局：the Met Office

《英国医学杂志》：British Medical Journal，BMJ

英国预算责任办公室：Office for Budget Responsibility，OBR

有向无环图：directed acyclic graph，DAG

预发表论文：preprint

阈下：subliminal

预注册：preregistered

原假设（零假设）：null hypothesis

Z 再现危机：replication crisis

长老会：Presbyterian

正态分布：normal distribution

正相关：positive correlation，positive association

置信区间：confidence interval

中位数：median

众数[平均值]：mode [average]

注册报告：registered report，RR

住院医师：resident

自变量：independent variable

总体：population

最佳拟合线：line of best fit

最小平方法：least squares method